HAYMON taschenbuch **220**

W0179537

MIX
Papier aus verantwor-
tungsvollen Quellen
FSC® C083411

Auflage:
4   3   2   1
2019 2018 2017 2016

HAYMON tb **220**

Ungekürzte Taschenbuchausgabe
Haymon Taschenbuch, Innsbruck-Wien 2016
www.haymonverlag.at

Originalausgabe: Diogenes, 1959
2001 erschien eine um ein Nachwort von Gerald Schmickl
ergänzte Ausgabe im Löwenzahn Verlag. Darauf basiert
die vorliegende Ausgabe.

ISBN 978-3-7099-7863-4

Umschlag- und Buchgestaltung, Satz:
hœretzeder grafische gestaltung, Scheffau/Tirol
Sämtliche Zeichnungen: Paul Flora

Gedruckt auf umweltfreundlichem,
chlor- und säurefrei gebleichtem Papier.

Jörg Mauthe
Wien für Anfänger

Vorläufige Bruchstücke
zum Entwurf einer Skizze
über Land und Leute

Mit Zeichnungen von Paul Flora und
einem Nachwort von Gerald Schmickl

Jörg Mauthe | Paul Flora

Wien für Anfänger

Inhalt

I. LEKTION
Allgemeines

Wien ist eine schöne Stadt – Wien liegt nicht an
der Donau, sondern an der Wien – Der Name Wien
stammt aus dem Keltischen oder aus dem Germa-
nischen oder aus dem Lateinischen, ist aber vielleicht auch illyrischen Ursprungs – Wien war eine
Kaiserstadt und ist jetzt die Hauptstadt und zugleich das neunte Bundesland der Bundesrepublik
Österreich – Wien zählt etwas mehr als eine Million sechshunderttausend Einwohner – Nur zwei
Fünftel aller Wiener tragen deutsche, die andern
drei Fünftel tschechische, ungarische, polnische,
kroatische, serbische, slowakische und italienische
Namen – Die häufigsten Namen sind Maier, Müller,
Huber, Novak, Fischer und Swoboda – Die Schuster
und Schneider tragen vorzugsweise böhmische, die
Rauchfangkehrer häufig italienische Namen – Die
Umgangssprache der Wiener ist das Wienerische,
ein ursprünglich bajuwarischer, städtisch verfei-
nerter und durch zahlreiche Lehnworte aus allen
Sprachen der ehemaligen Donaumonarchie ange-

reicherter Dialekt – Als Kind einer alten, vielge-
prüften Stadt ist der Wiener zutiefst mißtrauisch –
Seine Gefühlsskala ist beschränkt: wenn er glücklich
sein könnte, ist er gut aufgelegt, und wenn er unglücklich sein sollte, ist er verdrossen – Der Wiener
ist ungemütlich – Weil er mißtrauisch ist, ist er so-
zial nur schwer ansprechbar und neigt zu einem
meist negativ gefärbten Individualismus – Seines
vielberufenen Charmes bedient sich der Wiener
als einer Waffe im Daseinskampf (siehe Seite 96
unter ‚Schmäh‘) – Aber Wien ist eine schöne Stadt.

Übung

Motto: Aller Anfang ist verhältnismäßig langweilig.

Richtiggelesene Stadtpläne vermögen mehr über den Geist und den Charakter einer Stadt auszusagen als ganze Bibliotheken von Reiseführern. Man nehme also einen Stadtplan von Wien zur Hand und betrachte ihn, ohne auf Einzelheiten einzugehen.

Man wird alsbald das Bild einer quer durchschnittenen Zwiebel erkennen – sagen wir besser einer Blumenzwiebel, weil das poetischer klingt. Das Herz oder den Keim dieser Blumenzwiebel bildet der erste Bezirk; er ist es denn im geschichtlichen, wirtschaftlichen und verwaltungstechnischen Sinne tatsächlich. Dieser erste Bezirk – er heißt jetzt ‚Innere Stadt‘ – war bis ins späte neunzehnte Jahrhundert hinein identisch mit Wien und ist es bis zu einem gewissen Grade heute noch. Solange Wien besteht, wird der Wiener den ersten Bezirk schlicht und einfach ‚die Stadt‘ nennen und ihn für den Inbegriff alles Teuren, Mondänen, Luxuriösen und Repräsentativen halten.

Rings um diese Innere Stadt zieht sich ein breiter Straßenzug: die Ringstraße. Ihre Ecken deuten an, daß sie immer noch dem Zuge der alten, längst geschleiften Festungsmauer folgt. Einige große Gartenanlagen lassen erkennen, daß zwischen der Innenstadt und dem Kranz der Bezirke einst das Glacis lag – ein freies, von Straßen durchquertes Schußfeld, dessen unsinnige Verbauung jedem modernen Städtebauer komplizierte Probleme aufgibt.

Mit dem nächsten konzentrischen Straßenzug – ‚Lastenstraße' genannt, obwohl er eigentlich ganz anders heißt – beginnt die zweite Fruchtschicht der Zwiebel, die Reihe der sogenannten gutbürgerlichen Bezirke: Alsergrund, Josefstadt, Neubau, Mariahilf, Wieden und Landstraße.

Jeder dieser Bezirke hat sein eigenes Gesicht und sein eigenes Zentrum. Im Alsergrund beispielsweise hat sich zwischen der Universität und den großen Spitälern eine Medizinerstadt herausgebildet, deren Häuserblocks ausschließlich von Ärzten bewohnt zu werden scheinen. In den Auslagen herrschen aparte Dekorationen von chirurgischen Instrumenten und foltergerätähnlichen Heilbehelfen vor, die Buchhandlungen stapeln Schmerzensliteratur, und einige Tausend nahöstlicher Medizinstudenten verleihen dem ‚anatomischen' Viertel hinter der Votivkirche ein etwas seltsames Gepräge, das insbesondere dann, wenn im Nahen Osten wieder einmal ein Regimewechsel stattfindet, augen- und ohrenfällig wird.

Ein Teil des Neubaus – so heißt der siebente Bezirk – scheint wiederum nur aus Möbelgeschäften und Tischlerwerkstätten zu bestehen; im übrigen ist er immer noch ein Bezirk des Handwerks und Kleingewerbes, in dem man aussterbende Handwerkszweige von oft recht erstaunlicher Art findet: Elfenbeinschnitzer, Posamentristen, Galvaniseure undsoweiter. Merkwürdigerweise hat sich auch die Filmindustrie in diesem Stadtviertel niedergelassen.

Die Josefstadt hingegen ist ein altmodisch ruhiger Wohnbezirk geblieben; ihr Zentrum wird von dem

barocken Schul- und Kirchenkomplex des Piaristen-
ordens und dem rühmlich bekannten Theater in der
Josefstadt bestimmt. Kein Wunder, daß die Josefstädter als Kulturmenschen auf die Bewohner anderer
Bezirke herabschauen.

   In der Hauptstraße des sechsten Bezirkes, der end-
los langen Mariahilferstraße, dem Broadway Wiens,
gibt es nur Geschäfte – noch in den Stockwerken
oben, noch in den Kellern unten, Geschäfte bis in
den vierten oder fünften Hinterhof hinein. Fremde
seien gewarnt, diese Straße in den Tagen der Saison-
schlußverkäufe oder gar an den Einkaufssonntagen
vor Weihnachten zu betreten, denn gegen eine halbe

Million einkaufslustiger Wiener sind Springfluten, Lawinen und Vulkanausbrüche idyllische Scherze der Natur.

Die Wieden hat einmal als besonders vornehmes Wohnviertel gegolten, aber die Russen, die hier ihr Wiener Hauptquartier gehabt haben und der Naschmarkt – der zentrale Lebensmittelmarkt Wiens – haben sie leider etwas heruntergebracht. Gewisse Gäßchen und Hotels der Wienflußniederung spielen in der Wiener Kriminalchronik eine recht unrühmliche Rolle.

Zum dritten Bezirk gehören das Barockwunder des Belvedere, das Diplomatenviertel und einige Kasernen. Er ist ein feudaler, etwas militärischer Stadtteil, der an der Landstraße – dem großen Heerweg ins Ungarische – vorstädtische Züge annimmt.

Der zweite Bezirk Leopoldstadt, eine Insel zwischen Donaukanal und Donau, ist immer ein Armeleutebezirk gewesen. Die Schatten des Getto liegen schwer über ihm.

Ein breiter Straßenring, der Gürtel, trennt die Wiener Innen- von den Außenbezirken Simmering, Meidling, Hietzing, Ottakring, Hernals, Währing, Döbling – die Endungen ihrer Namen lassen die Abstammung von dörflichen Siedlungen erkennen. (Irgendwo in Bayern gibt es zwei Dörfer namens Otterkring und Sülfering, die sich einer bis ins elfte Jahrhundert zurückreichenden Kolonialpatenschaft über Ottakring und Sievering rühmen.)

Im Norden und Nordwesten besitzen diese Bezirke jenseits des Gürtels halb weinbäuerlichen, halb bürgerlich-behäbigen Charakter; im Süden und Südosten werden sie zusehends proletarischer, doch auch in den düstersten Vorstädten haben sich vielfach noch die alten bäuerlichen Dorfzentren erhalten. Übrigens führen auch diese Außenbezirke ein zähes Eigenleben: jeder Bezirk hat nicht nur sein Geschäfts- und Vergnügungszentrum, seine Pfarrei und seinen Magistrat, sondern auch sein eigenes Museum, ja sogar seine eigene Zeitung. Der Wiener ist erst in zweiter Linie Wiener, zuerst und vor allem fühlt er sich als Simmeringer, Josefstädter, Favoritner oder Floridsdorfer. Die sogenannten kleinen Leute leben in ihrem Heimatbezirk wie in einem Dorf – ein Gefühl der Fremdheit beschleicht sie, wenn sie ihn verlassen. Man kann ohne weiteres behaupten, daß die weitaus meisten Wiener in dem Bezirk sterben, in dem sie geboren worden sind.

Nicht weniger vielgestaltig als Wien ist seine Umgebung: Berge im Westen, Weinland jenseits der Donau, und im Süden und im Osten die Steppe – am Rennweg beginnt Asien, hat irgendwer gesagt, und die Meteorologen, Geologen und Botaniker können dieses Aperçu mit wissenschaftlichen Argumenten untermauern.

Man lege den Stadtplan aus der Hand und sei sich klar darüber, daß diese hochdifferenzierte, vielgesichtige Stadt niemals ganz zu erforschen und zu erkennen sein wird – selbst dann nicht, wenn man ein ganzes Leben in ihr zubrächte. Und eben dieses ist das Schicksal der meisten Wiener: in Wien leben zu müssen und die eigene Stadt niemals ganz zu begreifen.

VOKABELN

Hieb, der	Wienerisches Dialektsynonym für Bezirk.
Grund, der	Der ursprüngliche, bis heute meist dörfliche Kern vieler Bezirke. „Vom Grund zu kommen", bedeutet etwa, der Geburtsaristokratie des Bezirkes anzugehören.

II. LEKTION
Durch die Seele des Wieners

Zwei Wiener diskutieren.

Einer entwickelt seine Meinung und begründet sie. Der andere bringt hierauf eine ganz und gar gegensätzliche Meinung vor und stützt sie ebenfalls mit guten Gründen.

Wird daraus ein Streit entstehen? Werden sich die Gesprächspartner veranlaßt fühlen, ihre Meinungen gegeneinander abzuwägen? Werden beide versuchen, in logischer Argumentation die Richtigkeit der eigenen und die Unrichtigkeit der anderen Meinung nachzuweisen?

Da es sich um Wiener handelt, werden sie nichts dergleichen tun. Vielmehr wird der eine, nachdem er die Meinung des anderen zur Kenntnis genommen und kurz bedacht hat, mit höchster Wahrscheinlichkeit nur jene drei einsilbigen Worte äußern, in denen alle Weisheit dieser Stadt beschlossen ist: „Is auch wahr ..." wird er sagen.

Und sodann werden sich die beiden harmlos plaudernd anderen Dingen zuwenden, ohne zu ahnen, daß sie den Kristallpalast abendländischer Logik soeben in einen Haufen von Glasscherben verwandelt haben.

Die angewandte Relativitätsphilosophie des Wieners kennt keine Unvereinbarkeit der Gegensätze, weil sie keine Gegensätze kennt: denn wenn das eine wahr und das andere auch wahr ist, kann es sich nicht um Gegensätze handeln, sondern höchstens um die Vorderseite und den Revers derselben Medaille. Allüberall mag das Gesetz von dem Raum gelten, den zwei Dinge nicht zur selben Zeit einnehmen können – in Wien gilt es nicht. Wien ist groß und klein, alt und jung, Wien stirbt seit Jahrhunderten in Schönheit und gedeiht dabei sehr gut, Wien ist eine Weltstadt und das größte Dorf Europas, eine westliche Stadt am Rande des Ostens, Wien hat alles und ist alles und hat und ist von jedem zugleich auch das Gegenteil – Wien ist die Stadt der wollüstig gelebten Relativitäten.

Aber auch mit der Zeit hat's in Wien eine eigene Bewandtnis.

Daß die verbindliche Umgangssprache Österreichs, das Wienerische, kein Imperfektum kennt, mag es mit anderen Dialekten und Sprachen gemein haben. Bedeutsamer ist, daß sich der Wiener auch dann der Mitvergangenheit enthält, wenn er sich infolge ungünstiger Bedingungen des Schriftdeutschen oder gar des Hochdeutschen bedienen muß; wohl nirgends in der Welt müssen die Lehrer so viel Mühe aufwenden, wenn sie ihren Schülern die Imperfektformen der Zeitwörter beibringen wollen. Der Wiener ging also nicht durch die Zeiten und überstand dabei nicht alles Ungemach, er ist vielmehr durch die Zeiten gegangen und hat dabei selbst die Heurigenfilme überstanden. Er lag nicht darnieder und raffte sich immer wieder auf, sondern er ist darniedergelegen und hat sich immer wieder aufgerafft. Und es interessiert ihn wenig oder gar nicht, ob sich dieses Darniederliegen und Auferstehen vor kurzer oder vor langer Zeit abgespielt hat, denn was nicht unmittelbare Gegenwart ist, ist in Wien auch schon der Vergangenheit anheimgefallen, wird schon ein wenig ungewiß, ist unbestimmbar geworden, ist endgültig vorbei.

„Es ist ein Unglück passiert ...“ sagt der Wiener. Noch liegt das Krachen ineinanderfahrender Autos in der Luft, heulend sausen Rettung, Polizei und Feuerwehr heran, blutüberströmte Verkehrsopfer bedecken die Straße – aber das eigentliche Unglück ist passiert, passe, vorbei, schon in die Vergangenheit gerückt. Was immer in Wien geschieht, ist auch schon geschehen – und darum wehrt sich der Wiener nicht sehr gegen die weitverbreitete Meinung, daß er mehr in der Vergangenheit als in der Gegenwart lebe. Sie ist ja wahr.

Aber weil ihm die Gegenwart so schnell zur Vergangenheit wird, bleibt ihm wiederum die Vergangenheit etwas sehr Gegenwärtiges. In einer Wiener Vorstadtkirche steht auf einer Gedenktafel zu lesen: „Anno 1683 von den Türken zerstört, anno 1688 wieder aufgebaut, anno 1945 bombenbeschädigt, anno 1951 wieder aufgebaut.“ Zweihundertsechsundsiebzig Jahre oder vierzehn Jahre – Vergangenheit ist Vergangenheit, aber deswegen noch lange nichts Totes.

Das ist auch wahr.

Während ich das schreibe, kommt mein Achtjähriger zur Tür herein und fragt: „Papa! Wer war denn eigentlich der Heilhitler?" In Wien gibt's eben keine Mitvergangenheit.

In einer Stadt, die sich so souverän über normale Raum- und Zeitbegriffe hinwegsetzt, in der das Absolute so wenig und das Relative so viel zählt und die Beziehungen zwischen den Dingen wichtiger als die Dinge selbst sind, in einer solchen Stadt gewinnt selbst der Alltag bisweilen artistischen, spielerischen, jedenfalls aber einen recht ungewissen Charakter. Selbst auf den geborenen und gelernten Wiener wirkt Wien zu gewissen Zeiten wie ein leichtes Rauschgift, das ganz unzuverlässigerweise manchmal Euphorien, manchmal Melancholien hervorruft. Was immer man in Wien betrachtet, gleicht einem Bild im Kinderkaleidoskop – es sieht ordentlich und solid aus, aber ein Wimperzucken genügt und schon ist es passiert: das Bild ist zwar unwiederbringlich dahin, aber schon erstrahlt an seiner Stelle ein anderes.

Ist es ein Zufall, daß in der Wiener Literatur der Traum eine so häufige und wichtige Rolle spielt? Immer wieder taucht dieses Motiv auf: einer, der mit dem Leben unzufrieden ist, träumt von einem anderen Dasein – aber auch im Traum passiert ihm nichts anderes als das, was ihm schon im Leben widerfahren ist oder noch widerfahren wird. Denn zwischen Traum und Leben ist kein Unterschied, beide sind ein und dasselbe. Sigmund Freud hat es sogar wissenschaftlich bewiesen, was einem Wiener nach all dem ja auch wohl ansteht.

Denn Wien ist die Stadt der Träume.

Übung

Diese Übung ist vorzugsweise für Nichtwiener bestimmt, die ihren ersten Tag in Wien verbringen. Doch wird sich ihrer auch der Einheimische mit Vorteil unterziehen können. In jedem Falle wähle man einen möglichst sonnigen Vormittag und nehme ein ausführliches Frühstück zu sich. Anfänger aus dem Auslande, die sich noch ein wenig fremd fühlen, mögen sich aus Gründen der Assimilationserleichterung ins Operncafé oder eines der anderen großen Ringstraßenkaffeehäuser begeben, in denen man Frühstück nach englischer, amerikanischer, Kaffee nach französischer, ja sogar – horribile dictu! – niederländischer oder selbst deutscher Art bekommt. Der Wiener wird das sogenannte ‚Wiener Frühstück' (siehe Seite 45) bei weitem vorziehen.

Man gehe von der Oper aus langsam in nördlicher Richtung auf den Stephansplatz zu. Die Straße, die dorthin führt, heißt Kärntnerstraße und ist für Wien das, was der Jungfernstieg für Hamburg, die Bondstreet für London und die Avenue de l'Opéra für Paris bedeuten: die elegante und teure Geschäftsstraße schlechthin. Experten behaupten, daß man hier die geschmackvollsten Auslagen der Welt findet. Ob's wahr ist, bleibe dahingestellt, doch empfiehlt es sich, den Auslagen von Stone & Blyth, den Österreichischen Werkstätten und der Konditorei Heiner ein kunstkritisches Augenmerk zu schenken: hier sind Auslagenarrangeure am Werk, die an Form-

und Farbgefühl hinter einem Gris oder Miró nicht zurückstehen.

Man genieße ferner die spezifische atmosphärische Stimmung dieser Straße, die insbesondere an sonnigen Vormittagen wirklich einzigartig ist: die Luft wirkt dank eines eigentümlich schrägen Lichteinfall-Winkels wie vergoldet, während die Auslagen in sanften, kühlen Halbschatten liegen.

Übrigens soll man sich nicht zu streng an die Straße selbst halten, sondern gelegentlich auch in die Gassen zur Rechten ausschweifen, wo sich, gleichsam in den Seitenarmen eines großen Geld- und Luxusstroms, ein wunderliches Durcheinander von barocken Palästen und verschlossenen Klöstern, Nachtlokalen und überfüllten Antiquitätenläden, gutbürgerlichen Stundenhotels und ehemals kaiserlich und königlichen Verwaltungsbauten angesammelt hat. Auch das österreichische Finanzministerium hat sich mit feinem Instinkt am Ufer der Kärntnerstraße niedergelassen.

Vor dem Stephansdom – zu dessen Besichtigung man sich anderer Anleitungen bedienen mag – biegt linkerhand der Graben ab, der, anders als die Kärntnerstraße, nicht von den Haute Couture-Salons, sondern von etlichen Herrenschneidern mit ebenso böhmischen wie feudalen Namen beherrscht wird. Die Kärntnerstraße, den Graben und den wiederum im rechten Winkel anschließenden Kohlmarkt hat eine lange Tradition zum großen Bummelweg der Wiener erhoben; wer sich das Flair vornehmen Nichtstuns geben will, flaniert in der Stunde vor Mittag, in der Zeit des höchsten Geschäftsverkehrs, diese Route entlang – nur weniges vermag die Seele des Wieners so sehr zu erheitern, wie die geruhsame Betrachtung von hetzenden und gehetzten Leuten, die es nicht so gut haben. Die Jeunesse dorée – oder was sich halt dafür hält – vermeidet freilich die Berührung mit dem Plebs und bummelt am Sonntag nach der Nobel-messe im Stephansdom über den fast leeren Graben. Zu Mittag räumt sie eilig das Feld: denn nun bricht mit Kind und Kegel, mit Großtante und zukünftigem Schwiegersohn die Bewohnerschaft der äußeren Be-zirke in die Innere Stadt ein – zum großen Schau-fensterbummel durch die Gefilde des unerreichbaren Luxusstandards.

Der Fremde lasse sich bei diesem ersten Spazier-gang mit Gelassenheit durch Haupt- und Neben-straßen treiben und bleibe dem Zufall und dem Augenblick willig hingegeben. Wien kann man nicht in gezielter Aktion erobern – das haben nicht ein-mal die Türken und Russen fertiggebracht – denn Wien will selbst erobern, was ihm meistens auch ge-lingt. Man nehme jedoch aufmerksam zur Kenntnis, wie reizvoll und passend sich viele im Grunde nicht zueinander passende und nicht immer eigentlich reizvolle Dinge ineinander verschränken und kühn überschneiden. Unscheinbare Gründerzeitfassaden werden schön, weil sie einer eleganten Straßenkrüm-mung folgen, die schon von den Römern angelegt worden war. Kleine Modeboutiquen geben sich den Anschein, als wären sie Sesamöffnedichs; im witzigen Arrangement solcher Auslagen verrät sich bisweilen die gleiche großstädtische Selbstironie wie in den halb gravitätischen, halb tänzerischen Bewegungen der Verkehrspolizisten. Die Mädchen erscheinen überdurchschnittlich hübsch. Viele sind es wirklich. Niemand spricht sieben fremde Sprachen so geläufig nicht wie die Zeitungsfrau an der Kärntnerstraßen- ecke. Und so viele verschiedene Dinge auf engem Raum auch versammelt sein mögen, sie vertragen sich sehr gut miteinander. Man begreift hier sehr rasch, daß das ‚Leben und leben lassen‘ immer noch die Devise Wiens ist. Kritiker haben oft beanstan- det, daß das Laissez faire dieser Devise etwas zu sehr an den nahen Balkan erinnert – na, und wenn schon! Schadet's wem? ‚Leben und leben lassen‘ ist die schlechteste Devise nicht und auf alle Fälle eine recht humane.

Vokabeln

Graf Bobby	Bedeutendster Vertreter der angewandten Wiener Relativitätstheorie; hat infolge mißverständlich humoristischer Auslegung seiner philosophischen Parabeln internationalen Ruf erlangt. Man nimmt fälschlich an, daß er eine Legendenfigur sei. Dem ist nicht so: es hat ihn wirklich gegeben. Der Verfasser hat ihn in seiner Kinderzeit noch gesehen, einen würdigen alten Herrn mit weißem Spitzbart, Kneifer und Schlapphut, der in zahllose Beleidigungsprozesse verwickelt gewesen ist.
Herr Zulek, der	Gepflegter Herr in mittlerem Alter, der dem Graben durch das regelmäßige Hindurchtragen eines hübschen Spitzbarts Distinktion verleiht.
In der Nacht	ist die Kärntnerstraße samt Graben weit weniger vornehm, denn da tut sich hier der große Nobel-Strich der Bundeshauptstadt auf. Einschlägig Erfahrene versichern, daß er weder an Reichhaltigkeit des Angebots noch hinsichtlich der Preiswürdigkeit hinter Paris (!) zurückbleibt.

III. LEKTION
Der Traum von der Kaiserstadt

Viele Wiener träumen von der guten alten Kaiserzeit, aber von einer neuen Kaiserzeit träumen nur
sehr wenige. Zwar greifen die Geheimnisse der
Mayerling-Affäre den österreichischen Zeitungs-
lesern immer noch ans Herz, zwar finden die bun-
ten Bilderbuchfilme, in denen bildhübsche Kaiser
mit süßen jungen Kaiserinnen techtelmechteln,
immer noch ein dankbares und gerührtes Publikum, aber die Reaktion desselben Publikums auf die
Heimkehrwünsche des legitimen Thronfolgers war
nicht nur kühl, sondern geradezu eisig. So groß ist
das Luxusbedürfnis des Österreichers denn doch
nicht, als daß er einen Kaiser für knapp sieben Millionen Staatsbürger als dringende repräsentative
Notwendigkeit empfände.

Der Wiener will also weder einen Monarchen
noch eine Monarchie – immerhin, die österreichische Republik hat ihren vierzigsten Geburtstag mit
Anstand hinter sich gebracht. Aber das hindert ihn
nicht daran, im Grunde seines Herzens Monarchist

zu sein – immerhin, Wien war ein halbes Jahrtausend lang die Hauptstadt einer großen Monarchie und verdankt dieser Stellung seine Schönheit, seine Größe und sein Selbstbewußtsein. Weil aber Wien jahrhundertelang kaiserliche Metropole war und erst jahrzehntelang eine republikanische Stadt ist, denkt und empfindet der Wiener in Kategorien, die lange vor 1918, lange auch vor 1793 geschaffen worden sind: in den Kategorien einer im Grunde noch mittelalterlichen Philosophie von der gottgegebenen Hierarchie, der gottgewollten Ungleichheit der Menschen, Klassen und Stände – ‚Kaiser, König, Edelmann, Bürger, Bauer, Bettelmann‘, lautet der beliebteste Abzählreim der Wiener Kinder. In Wien ist es durchaus noch nicht gleichgültig, ob man einen Begegnenden mit ‚Mein Respekt!‘ oder ‚Grüß Gott!‘ oder ‚Meine Verehrung!‘ oder ‚Guten Morgen!‘ grüßt, denn jede der vielen Wiener Gruß- und Abschiedsformeln drückt zugleich die Anerkennung eines bestimmten Gesellschafts- oder Bildungsgrades aus, die man seinem Mitmenschen nicht verweigern darf, wenn man nicht als unhöflich gelten will. In Wien spricht zwar jedermann Dialekt, aber jede soziale Schicht nuanciert ihr Wienerisch anders. Es verbindet die Wiener nicht nur, sondern trennt sie zugleich. Auch der Dialekt schafft Unterschiede und Ungleichheit.

Die mächtige Beamtenkaste – wie das kaiserliche ist das republikanische Österreich ein Beamtenstaat – gibt schon durch ihre bloße Existenz dieser sozusagen spät-augustinischen Hierarchisierung des Alltagslebens reale Bedeutung; übrigens sind die Titel, Riten und der Geist der Beamtenschaft nicht demokratisch geworden, sondern bleiben nach wie vor vom Stil eines allenfalls aufgeklärten Absolutismus geprägt.

Gleichwohl, mag der Wiener auch noch monarchisch empfinden, in politicis handelt er bereits republikanisch. Dieser Zwiespalt bringt die österreichische Innenpolitik bisweilen völlig durcheinander; aus ihm erklären sich die wiederholten und nicht immer erfolglosen Versuche, die Republik in einen Zunft- und Ständestaat, sozusagen in ein Heiliges Römisches Reich en miniature zurückzuverwandeln, aus ihm erklärt sich aber auch der überaus scharfe Widerstand gegen solche Versuche. Dieser Zwiespalt hat 1934 zu einem blutigen Bürgerkrieg und 1938 zum Selbstmord des Staates geführt. Und wenn die Österreicher unterdessen politisch auch manches hinzugelernt haben, den alten Zwiespalt haben sie noch immer nicht ganz überwunden. 1958 ist die Republik in ihr fünftes Lebensjahrzehnt eingetreten – aber nur die eine Regierungspartei hat diesen Tag gefeiert. Die andere feierte statt dessen demonstrativ den vierhundertsten Todestag Kaiser Karls V., der mit Wien und Österreich zwar fast nichts zu tun gehabt hat, aber der letzte große Gottesgnadenkaiser war. Wobei wohl zu bemerken ist, daß auch diese Partei sich mit Händen und Füßen dagegen gesträubt hat, ein Einreisevisum für Otto von Habsburg zu erteilen.

„Und jetzt", sagt der Heurigensänger, „und jetzt kommt ein neuches Lied vom Kaiser Franz Joseph." Und er singt:

„... er war net schlecht,
er war schon recht.
Er war der Herr. Und mir war'n die Leut'.
Es war sehr schön, hat er g'sagt,
es hat mich sehr gefreut ...“

Jede Wette gehe ich darauf ein, daß dieser Heurigensänger – ich kenne ihn! – bei der nächsten Wahl
wieder antimonarchistisch, das heißt sozialistisch,
stimmen wird.

Übung

Man stelle sich bei sonnenlosem, aber klarem Nach-
mittagslicht – in jenem Licht also, das die Farbe zu-
rücktreten läßt und die Konturen verschärft – auf
den Heldenplatz und blicke um sich.

Er ist der absurdeste und schönste Platz der Welt,
denn er hat keine Grenzen. Nur im Osten schafft die
Neue Hofburg einen Abschluß, an allen anderen Sei-
ten verläuft er sich in Alleen, wird durch Denkmäler
in kleinere Plätze aufgeteilt, durch mächtige Prunk-
bauten gegliedert, nicht aber begrenzt, denn sie ge-
statten Durchblicke auf neue Bauten und neue Durch-
blicke. Die Ringstraßengebäude schaffen so etwas
wie einen ersten, die Häuserfronten der dahinterlie-
genden Innenbezirke einen zweiten Horizont – aber
ganz im Hintergrund tauchen dann die Hügelkuppen
des Wienerwaldes auf und vermitteln den Eindruck,
als wären sie immer noch ein Teil des Heldenplatzes.

Keinerlei Plan, keine Absicht scheint diesen Platz
geformt zu haben: die Hofburg ist unvollendet ge-
blieben, das Parlament hat unpassend griechische
Säulen, das Heldendenkmal ist eigentlich ein simples
Torgebäude, die Gotik des Rathauses wirkt zweifel-
haft und die Renaissance des Burgtheaters höchstens
babylonisch ...

... aber dieses Ensemble von Raum, Stein und
Fliederbüschen ist nicht monströs, sondern erhaben.
Es bildet mehr als einen Platz – es schafft ein Forum,
ein bedeutenderes und sinnerfüllteres Forum als das
alte Rom besessen hat.

Man versuche nicht, diesen Widerspruch von Detail und Ganzem, von Absichtslosigkeit und Groß-artigkeit aufzulösen. Er ist nicht auflösbar. Das Geheimnis des Wienerischen und Österreichischen liegt in ihm beschlossen, das Geheimnis von der Ver-einbarkeit des Unvereinbaren. Man respektiere es. Man schweige.

Endlich wende man sich um und wandere kreuz und quer durch die Hofburg. Das kann ohne Hem-mungen geschehen, denn die Hofburg ist der am we-nigsten exklusive Herrschersitz, den es je gegeben hat. Nicht einmal symbolische Eisengitter, geschweige denn Mauern umgeben sie; der Großstadtverkehr rollt quer hindurch, und ihre vielen Tore sind seit Jahrhunderten Tag und Nacht geöffnet.

Die Hofburg ist so wenig eine Burg wie der Helden-platz ein Platz. Sie ist auch mehr als ein Gebäude, mehr als eine Gruppe von Bauwerken, sie ist eine Stadt für sich, mehr als eine Stadt, sie ist eine ganze Landschaft. Übereinander und durcheinander ge-baut, bisweilen untrennbar ineinander verschmolzen, dann wieder durch Höfe, Plätze, Gärten und Straßen getrennt, sind hier gotische Kirchen und Lebensmittel-geschäfte, zahlreiche Museen, die Amtsräume des Bundespräsidenten, Ballsäle und Teile der alten Be-festigungen zu finden, die reichsten Schatzkammern der Welt, das Bundesdenkmalamt und die Spanische Reitschule, Universitätsinstitute, Tabaktrafiken, Polizeiwachzimmer, Gasthäuser, Kunstsammlungen, Denkmäler, Kasernen, eine Gobelinmanufaktur und Gott weiß was noch alles. Nur eines gibt's nicht und hat es in diesen weitläufigen Anlagen nie gegeben: ein Staatsgefängnis à la Bastille oder Tower.

Auch von der Hofburg läßt sich nicht genau sagen, wo sie beginnt und wieder aufhört. Sie verschmilzt an allen Ecken und Enden mit der Stadt, denn die ehemalige Hof- und jetzige Staatsoper im Osten gehört so gut zur Kaiserresidenz wie das (Hof-) Burgtheater im Westen und die Stallgebäude im Süden. Und mit einer leichten Veränderung des Blickwinkels, in einer Drehung des Kaleidoskops gewissermaßen – dergleichen hat ja in Wien stets überraschende Wirkung – erscheint ganz klar, daß auch der Heldenplatz zur Hofburg gehört, obwohl es eben noch so deutlich war, daß die Hofburg nur als ein Teil des Heldenplatzes gelten konnte.

Und wiederum läßt sich sagen, daß diese imponierende Stadtlandschaft der Hofburg keinem Plan, sondern der Absichtslosigkeit entsprungen ist. Es sind gelegentlich Projekte entworfen worden, die aus dem historischen Baudurcheinander eine monolithische Residenz etwa in der Art von Versailles machen wollten. Sie sind glücklicherweise nie verwirklicht worden. Die Kaiser haben sich damit begnügt, im Laufe ihrer Regierungszeit da einen baufälligen Teil zu renovieren, dort einen neuen Trakt in dem gerade herrschenden Modestil anzufügen. Es spricht für ihren guten Geschmack, daß sie am prunkvollsten beileibe nicht ihre eigenen Räume, sondern die Nationalbibliothek ausgestattet haben. Der Kuppelsaal dieser Nationalbibliothek gehört zu den bewunderungswürdigsten Höhepunkten des europäischen Barocks.

Der Fremde möge wissen, daß die einzigartige Schatzkammer täglich geöffnet ist. Den Besuch der Spanischen Hofreitschule sollte er nicht versäumen, ebensowenig wie den des Kunsthistorischen Museums und der Waffensammlung. In der Hofkapelle singen allsonntäglich die Wiener Sängerknaben Mozartmessen. Die Albertina ist die bedeutendste Graphikensammlung der Welt. Er kann sein Bild vom kaiserlichen Wien durch einen Besuch in Schönbrunn ergänzen, sollte aber auch die Boltzmanngasse und die Strudelhofstiege im neunten Bezirk besuchen, ein Stadtviertel, das wenige Jahre vor dem Ende des Kaisertums erbaut wurde und von müder, aber immer noch imperialer Noblesse erfüllt ist.

Irgendwann aber kehre man noch einmal auf den Heldenplatz zurück und versuche, still dem Geknister der seltsamen und wunderbaren Beziehungen zu lauschen, die über diesem Platz schweben: der Beziehung zwischen der schweren, edelsteinbesetzten heilig-römischen Kaiserkrone in der Alten und der anderen, flaumleichten Kaiserkrone des Azteken Montezuma in der Neuen Hofburg, den Kronen eines Reiches, in dem die Sonne niemals unterging; der Beziehung, die zwischen Hitlers Eroberungsrede auf dem Neuen Hofburg-Balkon und jener ersten amerikanischen Fliegerbombe herrscht, die auf Wien abgeworfen wurde und geheimnisvollerweise eben diesen Balkon traf; Beziehungen, die sich in oft kauziger Weise äußern, so zum Beispiel, wenn im Amtszimmer des sozialistischen und nichtkatholischen Bundespräsidenten eine zufällig geöffnete Wand den Blick auf ein josephinisches Hausaltärchen freigibt, vor dem Pius VII. während seines Wiener Aufenthaltes die Morgenmesse gelesen hat.

In Wien ist alles vieldeutig, mehr durch sein Geheimnis als durch seine Wirklichkeit wirkend. Nicht das gilt, was ist, sondern das, was sein könnte – und selbst das, was nur hätte sein können, bestimmt die Wiener Gegenwart bisweilen nachdrücklicher als das, was wirklich war und wirklich ist.

Vokabeln

Demel

Konditorei am Kohlmarkt, nächst dem Michaelertor der Hofburg. ‚Beim Demel verkehren' – soviel wie in Hofkreisen heimisch sein, in guter Gesellschaft verkehren. Von einer Demel-Serviererin nach langer Demütigung endlich mit Namen angesprochen zu werden, gilt weiteren Kreisen als vollwertiger Ersatz für eine nicht zu erreichende, weil gesetzlich abgeschaffte Adelsprädikatisierung. Die ‚sehr gute' Gesellschaft weiß das und läßt sich die Konfitüren also lieber vom Demel holen.

Dorotheum

Die von einer realistisch denkenden Erzherzogin Dorothea 1707 gegründete, heute noch in vielen Filialen florierende behördliche Pfandleihanstalt, auch Versatzamt genannt. Eine kuriose Institution, aber segensreich, weil sie seit vielen Generationen jeder Pfandwucherei den Boden entzogen hat. Man kann im Dorotheum – ‚bei der Tante Dorothea' – nahezu jedes bewegliche Objekt, von der Glühbirne bis zum Luxusauto, versetzen, versteigern lassen oder ersteigern. Breite Bevölkerungskreise frönen dem Besuch dieses Versatzamtes wie einem Laster, das an Aufregung das Badener Spiel-Casino weit in den Schatten stellt. Tatsächlich kann man bei den fast täglich stattfindenden Versteigerungen bisweilen erstaunliche Gelegenheitskäufe machen.

Spanische Hofreitschule

Eine Institution, in der Lipizzaner wie Menschen behandelt und solcherart zu den edelsten Pferden der Welt gemacht werden. Diese Art von Training findet in einem wunderschönen Barocksaal statt.

Der ‚Elmayer'	Eine der oben erwähnten benachbarte Institution, in der die Söhne und Töchter der besseren Stände mit Reitschulmethoden zu gutem Benehmen und gekonntem Linkswalzer veranlaßt werden. Selbst ältere Wiener Aristokratinnen versetzen dank dieser Schulung die Besucher ihrer Salons durch gelegentlich formvollendete Levaden und feuriges Courbettieren in Entzücken.
Der sogenannte Herr Oberst	Stadtbekannte Erscheinung höheren Alters, die als einziger Wiener einen Backenbart à la Franz Joseph trägt. Einige Auslandsreporter halten sie für echt.
Titelsucht	Das kleinere österreichische Nationallaster (das große ist der Neid; die Wiener sind Neidgenossen von Geburt). Die Titelsucht beschränkt sich durchaus nicht nur auf die Beamtenkaste; selbst ansonst durchaus verständige Nichtbeamte reißen sich um den Titel ‚Professor', dem die noch Verständigeren infolgedessen schlechterdings nicht mehr zu entrinnen vermögen. Die Beamten allerdings feiern ihre Titelorgien hemmungslos. Im ‚Amtsblatt der Stadt Wien' wird zum Beispiel selbst die Beförderung eines ‚bisherigen Dieneraushelfers' zum ‚Torwart i. R.' verkündet. Es gibt Postobermanipulanten, Obermünzwardeine, ja sogar Werkstättenoberadjunkten. Der begehrteste Beamtentitel ist der eines Sektionschefs – nach der Behauptung Wissender wird Österreich von den Sektionschefs regiert – der gesellschaftlich angesehenste Titel ist ‚Hofrat'.

IV. LEKTION
Das kulinarische Wien

Die alte österreichische Vierzehnvölkermonarchie ist längst von den Landkarten verschwunden. Auf der Wiener Speisekarte existiert sie immer noch, mitsamt ihren beiden Reichshälften, ihren Kron-, Erb- und Vorlanden, ihren Herzogtümern, Besitzungen und Annexionsgebieten.

Den gesunden, konservativen Kern dieses kulinarischen Riesenreiches bildet das bajuvarische Element mit seinen Knödeln und seinem Rindfleisch, dessen Genuß im Laufe vieler Generationen freilich verfeinert und kultiviert worden ist; in den Augen der Wiener Hausfrauen zerfällt das schlichte Rind in zahlreiche Teile, deren jeder einen anderen Platz auf der gastrosophischen Wertskala einnimmt und andere Zubereitung verlangt: das Hieferschwanzl darf nicht mit einem Schulterscherzl und dieses wieder nicht mit dem weißen und schon gar nicht mit dem schwarzen Scherzl verwechselt werden; auch sind Kruspelspitz, Tafelspitz und Kavalierspitz keineswegs dasselbe, während das dicke und das mittlere Kügerl nicht miteinander und nicht mit einem mageren und fetten Meisel identisch sind. Beinfleisch und Lungenbraten, Rostbraten und Tafeldeckel geben sehr unterschiedliche Genüsse ab – man sieht, wie menschlicher Geist die simple Materie zu veredeln imstande ist.

An die Rindfleischkernlande schließt sich, temperamentvoll auf Gleichberechtigung drängend, die ungarische Reichshälfte mit ihren einfachen und komplizierten Gulaschs, ihren Paprikabraten, Paprikaschnitzeln, Paprikahendln, ihrem Szegediner Krautfleisch und fettem Schweinefleisch. Die italienischen Okkupationsgebiete zollen ihre sanften Paradeiser und schmücken die Teller mit maniriert-graziösen Nudeln und Makkaronis. Die Kroaten und die serbischen Okkupationsgebiete steuern Letscho und Bohnensuppe bei und spenden die geweihten Düfte des Balkans, Knoblauch und Zwiebel.

Zahlreich sind die Tribute, die ferne Provinzen zahlen müssen: da gibt es scharfriechende Olmützer Quargel und spanische Windbäckerei, Prager Schinken und den bescheidenen Bosniaken. Aber auch der türkische Erbfeind leistet Reparationen: Nußdesserts, Honigkonfekt, türkischen Kaffee und die kleinen Halbmonde der Kipferln.

Und dazwischen ragen die weitläufigen Kolonnaden der Würste wie die in aller Welt zusammengeraubten Säulen romanischer Paläste: blutrote ungarische, blasse Veroneser, grobe Mailänder Salamis, schwarze polnische Dauerwurst, paprizierte Debreziner, kräftige Krainer, schlichte Oderberger, elegante Frankfurter, endlose Cabanossi und derbe

Klobassi, steinharte Tiroler Landjäger und saftige Krakauer – jede Wurst ein Denkmal aus der längst vergessenen kaiserlich-königlichen Historie.

Über all dem und vielem anderen aber wölbt sich der barocke Himmel böhmischer Mehlspeisen mit seinen schneeweißen Germteigstukkaturen, mit goldenen Palatschinken-Rocaillen und den Marmorwolken kolossaler Schlagobersportionen.

Das eigentliche Verdienst der Wiener Küche besteht in der Auswahl dieser Dinge, in der Versöhnung der Gegensätze, der Milderung ursprünglicher Wildheiten und schließlich ihrer Verschmelzung zu einem übernationalen und harmonischen Ganzen.

Mit der französischen Kochkunst hat sie nichts gemein. Sie verhält sich zu ihr wie der Barock zum

Klassizismus. Nicht von namhaften Köchen, sondern von anonymen Köchinnen geschaffen, schätzt sie nicht Individualität und geniale Neuerungen, sondern hält sich ans sorgfältig Erprobte und das ein für allemal Kanonisierte. Vom Esser verlangt sie weder intellektuelles Verständnis noch einen kritisch geschulten Geist, wohl aber Hingabe, Heiterkeit und Andacht.

Immerhin ist sie weitherzig genug, um auch einer Zeit Rechnung zu tragen, welche die Korpulenz weniger am Manne als an seinem Auto respektiert. Das opulente westslawische Element mit seinen Mehlspeisen und allzu dick eingebrannten Gemüsen tritt neuerdings ein wenig in den Hintergrund, während die südslawischen Hirtenspieße und Grillspezialitäten im Kommen sind. Da aber die Herzegowina auf den Wiener Speisekarten genauso gut legitime Rechte hat wie die böhmische Hügellandschaft, kann wohl von einer Revolution nicht die Rede sein. Auf der Speisekarte wird die Monarchie noch viele weitere Generationen überdauern.

Übung

Jedes Wiener Kaffeehaus bietet das sogenannte Wiener Frühstück. Es besteht aus einer großen Schale goldbraunen Bohnenkaffees, einem weichen Ei, frischen Semmeln, Butter und Marillenmarmelade. Der kulinarische Reiz dieser klassisch einfachen Komposition wird zum guten Teil durch das Gebirgswasser bewirkt, das die Wiener Wasserleitungen speist, den Wiener Kaffee besonders aromatisch und das Wiener Gebäck besonders knusprig macht; frisches Wasser wird übrigens bei jeder Kaffeebestellung unaufgefordert mitserviert.

Zum zweiten, dem ‚Gabelfrühstück‘, konsumiere man beim Figlmüller in der Wollzeile Bratwürstel mit scharfem Senf, wobei man sich in der Gesellschaft von Kennern befinden wird. Man kann sich aber auch ins nächstbeste kleine Wirtshaus begeben und dort ein Frühstücksgulasch bestellen – ein Miniaturgulasch, das gleichwohl ein etwa ins Wanken gekommenes psychosomatisches Gleichgewicht vermöge seines Paprikagehalts sehr schnell wiederherstellt. Den gleichen Zweck erfüllen die scharf gewürzten Appetitbrote und polnischen Schnäpse im Buffet Trześniewski in der Dorotheergasse; rühmend ist auch des dortigen ‚Krupnik‘ zu gedenken, einer raffinierten Mischung von Honig und gewürztem heißem Wodka.

Das Mittagessen sollte, wenn man den Lehrstoff dieses Kapitels studiert hat, kein Problem mehr sein. Man kann nahezu in jedem Wiener Gasthaus (und in den kleinen meist erst recht) gut, ausgiebig und

ziemlich billig essen. Das typische Wiener Mittages-
sen besteht nur aus drei Gängen: aus Rindsuppe mit
Einlage, Rindfleisch mit Gemüse, und Mehlspeise;
die Variationen innerhalb dieser einfachen Speisen-
folge sind allerdings überaus mannigfaltig, ja verwir-
rend. Wenn man mit der Speisekarte nicht zurecht-
kommt, wende man sich in blindem Vertrauen an
den Ober, der in neunundneunzig von hundert Fällen
das Richtige empfehlen wird. Geflügel und Donau-
fische finden sich auf jeder besseren Speisekarte; ge-
wisse Gasthäuser haben sich auf Wildgerichte oder
aber auf die erquicklichen Ergebnisse ländlicher
Schlachtfeste, also Metzelsuppen, Leber- und Blut-
würste undsoweiter spezialisiert. Natürlich gibt
es auch in kulinarischer Hinsicht gewisse Mode-
erscheinungen – Gasthäuser, die vermöge vortreff-
licher Hausgerichte plötzlich den Zuspruch der in
Wien sehr breiten kulinarischen Snobschicht finden,

um dann, wenn ein anderer Wirt en vogue wird, alsbald in eine ihren Preisen gewöhnlich sehr wohltuende Anonymität zurückzusinken. Wer Wert darauf legt, à la mode zu speisen, frage einen gelernten Wiener oder den Hotelportier nach den im Augenblick fashionablen Adressen.

Wer zwischen Mittag- und Abendessen etwas zu sich nehmen, also jausnen will, kann wie beim Gabelfrühstück handeln oder abermals ein Kaffeehaus aufsuchen, woselbst einem der Kellner auch doppelkohlensaures Natron bringt, falls man den Lehrstoff dieses Kapitels nicht so verdauen zu können glaubt, wie es wünschenswert und ersprießlich wäre. Für gesunde Konstitutionen hingegen mag der Augenblick gekommen sein, eine der zahlreichen Konditoreien aufzusuchen. Es gibt ihrer viele, und ihre Erzeugnisse haben eine gleichfalls lange Tradition; man versuche einen ‚Indianerkrapfen‘ als das Spitzenerzeugnis der Wiener Zuckerbäcker. Süßigkeitenhasser und Antifeministen seien in den Eszterhazy-Keller verwiesen, in dem die wahren Genießer den Alltag mit burgenländischem Rotwein und kräftigendem G'selchten oder Käse beschließen.

Neue gastronomische Ausblicke eröffnen sich beim Abendessen. Neben den autochthonen Wiener Gasthäusern haben zahlreiche Spezialitätenrestaurants Heimatrechte erworben, in denen man ungemildert gepfefferte und paprizierte ungarische, serbische oder auch rumänische Speisefolgen vorgesetzt bekommt: ‚Pataky‘, ‚Hungaria‘, ‚Balkangrill‘, ‚Bosna‘, ‚Beograd‘, ‚Bukarest‘ undsoweiter; die Liste ist ziemlich lang, das Essen auch in den hier nicht erwähnten ausgezeichnet. (*Privattip des Autors: das zwar äußerlich, nicht aber in seinen Portionen bescheidene ,Dalmatia' in den Tuchlauben.*) Gelüste nach napolitanischer Pizza und echter Pasta sciutta können mit Leichtigkeit im ,Capri', in der ,Grotta Azzurra' oder bei ,Romolo e Remo' befriedigt werden. (*Privattip: der ruhmreiche ,Ancora verde' in der Grünangergasse*). Im dritten Bezirk hat sich ein bulgarisches Restaurant aufgetan, im neunten serviert der russische ,Feuervogel' zum Borschtsch Balalaikaklänge. Die Weinkarten sind in allen diesen Lokalen weitschweifig und zuverlässig.

Natürlich erheben diese Vorschläge keinen Anspruch auf Vollständigkeit. Stiedl, Gösserkeller, Wegenstein, die ,Drei Hackl'n', der ,Goldene Hirsch' – eine Aufzählung würde den geplanten Umfang überschreiten, sagte der Phäake und barst. Immerhin sei noch des ,Hauswirth' in Mariahilf gedacht, nicht nur seiner vortrefflichen Gerichte wegen, sondern der Beschreibungen halber, mit denen seine Speisekarten geschmückt sind. ,Auf einem Sockel aus gedünstetem Reis', heißt es da etwa, ,erheben sich, von einem Silberspieß zusammengehalten, ein ausgesuchtes Kalbsmedaillon, eine Scheibe zarten Specks, ferner ein Schweinsschnitzel' undsoweiter. Es klingt wie die Beschreibung eines barocken Denkmals.

Donaukarpfen, Schleien, Wels und Hechte können in Fischrestaurants an der Donau-Praterlände oder beim Merzendorfer in Schwechat verzehrt werden, frische Forellen, Enten und Hühner werden in vielen ländlichen Gasthäusern des Wienerwaldes und der südlichen Weingebiete aufgetischt.

Das dürfte fürs erste genügen. Hungern muß der Fremde in Wien nicht. Nicht einmal nach Mitternacht. Denn dann kann er beim ,Spatzen' oder anderswo immer noch eine Hühnersuppe und ein Suppenfleisch mit Kren essen und damit die raffinierteste, gleichwohl aber auch von einem kräftigen Hauch ursprünglicher Unschuld umgebene äußerste Spitzenleistung der Wiener Küche kennenlernen.

Vokabeln

Ein Pfiff	Ein Achtelliter Bier.
Ein Seidel	Drei Zehntelliter Bier.
Ein Krügel	Ein halber Liter Bier.
Ein Brot	Im Gasthaus Synonym für eine Semmel. Will man wirklich Brot haben, muß man ‚Hausbrot‘ verlangen.
Mehlspeise	Süßspeise, auch dann, wenn sie kein Stäubchen Mehl enthält.
Trinkgeld	ist in Wien unter allen Umständen zu verabreichen, weil der Kellner von der offiziell sogenannten meist zehnprozentigen ‚Trinkgeldablöse‘ fast nichts erhält. Das Trinkgeld beginnt bei 50 Groschen, hält bei 1 Schilling, steigt bei großen Zechen weiter an. Für den Speiseträger oder Pikkolo – Jungkellner – hinterlasse man auf dem Tisch ein entsprechend abgestuftes Trinkgeld.

V. Lektion
Das republikanische Wien

Ab Freitagnachmittag stehen vor den Kassen der
ziemlich zahlreichen Städtischen Brausebäder lange Menschenschlangen – bis weit auf die Gasse
hinaus, vor Feiertagen oft noch um den nächsten
halben Häuserblock herum. Denn der Besitz eines
Badezimmers gilt in Wien noch immer als Luxus.
Drei Viertel der Wiener Wohnungen bestehen nur
aus Küche und Zimmer und haben keine eigene
Wasserleitung, kein Innenklosett, geschweige denn
ein Badezimmer. Der Fremde betritt ja die wenig at-
traktiven Peripheriebezirke kaum – aber wer Wien
kennenlernen will, der kann es nicht übersehen:
jedem Barockpalais stehen Tausende mehr oder
weniger verfallene Zinskasernen gegenüber. Gewiß, Wien weist unter den europäischen Großstäd-
ten die verhältnismäßig größten Grünflächen auf,
aber diese weitläufigen, fast inbrünstig gepflegten
Parks und Gärten sind im Grunde ja doch nichts
anderes als kleine Oasen in den von den sozialen
und industriellen Elementarkatastrophen der ver-

gangenen Jahrhunderte geformten steinernen Wüsten und Grand Canyons der Stadt.

Ähnliche Probleme gibt es natürlich auch in Rom, in Paris, in London. Das Erstaunliche – und eine seltsamerweise viel zu wenig gewürdigte Tatsache – ist aber, daß gerade das sonst doch eher traditionalistische Wien einige außerordentlich imponierende Versuche unternommen hat, das städtebauliche Chaos radikal zu beseitigen.

Man hat seinerzeit viel darüber gestritten, ob die gewaltigen städtischen Wohnhausanlagen der zwanziger Jahre von vornherein unter strategischen Gesichtspunkten errichtet wurden und schon im Plan als Bürgerkriegsfestungen entworfen waren. In den leidvollen Februartagen von 1934 hat sich dann herausgestellt, daß die Gemeindebauten – falls jene Gesichtspunkte wirklich irgendeine Rolle gespielt hätten – als Fortifikationsanlagen wenig taugten: dem Einsatz militärischer Mittel haben sie nicht widerstehen können.

Und dennoch sind sie in einem tieferen Sinn ja doch nicht nur Arbeiterhäuser, sondern Arbeiterburgen – so, wie eben der *Arc de Triomphe* mehr als ein Torbogen und eine gotische Kathedrale mehr als eine Kirche ist. Sie sind Denkmäler eines Sieges auf einem politischen und ideologischen Schlachtfeld: des Sieges der Wiener Sozialdemokratie.

Etwa zehn Jahre hindurch hat die Wiener Stadtverwaltung Wohnhäuseranlagen in großer Zahl und kolossalen Dimensionen gebaut. Sie hat sie auf jene leeren und wüsten Plätze gestellt, deren architektonische Bewältigung der vorhergehenden Zeit nicht

gelungen war: neben die Bahnhöfe, entlang der Ausfallstraßen, an die Donaubrückenköpfe, an die Peripherie. Der Stil dieser Bauten war mit Absicht
antibürgerlich, bewußt proletarisch – aber er war,
anders als die verquollene Stukkatursentimentalität
der Gründerzeit, ein echter, wenn auch barbarischer
Stil, und er ist mit unerhörter Rücksichtslosigkeit
durchgesetzt worden – das Corbusier'sche Lichthaus in Marseille ist eine Winzigkeit gegen das, was
in den Wiener zwanziger Jahren erbaut worden ist.

Und so ist Wien, die alte barocke Kaiserstadt
Wien, der einzige Ort dieser Welt, in dem kubistische
und expressionistische Architekturen nicht auf dem
Reißbrett geblieben, sondern in großer Zahl gebaut worden sind. Kubismus und Expressionismus

sind augenblicklich nicht sehr in Mode, aber eines Tages wird man sich für sie als schon historisch gewordene Stile interessieren, und dann wird man die Wiener Gemeindebauten jener Zeit ebenso mit staunenden Augen betrachten wie die Pyramiden von Gizeh – nur, daß die Pyramiden von Gizeh sehr viel zweckloser sind als der Karl-Marx-Hof in Heiligenstadt oder der Reismann-Hof in Meidling, diese wuchtigen Bauten, die noch heute eine geradezu utopische Unwirklichkeit ausstrahlen.

Freilich pflegt auch revolutionärer Elan irgendwann einmal zu erlöschen. Schon die Wohnblocks der ersten dreißiger Jahre neigen zu neosachlich langweiliger Spießbürgerlichkeit. Und nach diesen ist gar nichts gekommen, beziehungsweise ein Bombenangriff nach dem andern.

Nach 1945 hat die Wiener Stadtverwaltung dort fortzusetzen versucht, wo sie aufgehört hat: innerhalb eines Dezenniums sind rund hunderttausend neue Wohnungen gebaut worden. Das ist eine beachtliche Zahl, aber mit wenigen Ausnahmen sind die neuen Wohnbauten Beamtenarchitektur, bewirtschaftete, übergenormte, allzu brave Architektur. Das beste an ihr sind die Bäume, die man zwischen die nur locker gestellten Häuserblocks gepflanzt hat; sie werden hoffentlich in einigen Jahren die Emmentaler-Fassaden (viel Käse mit kleinen Löchern) leidlich verdecken.

Gegen Ende der fünfziger Jahre schien sich hier eine Änderung anbahnen zu wollen: ein neuer Stadtplaner namens Roland Rainer und eine Schar junger Leute machten sich daran, ein Konzept zu entwickeln, das Wien zu einem Eldorado moderner und zugleich human-orientierter Architektur hätte machen können, und es ist zu sagen, daß die Wiener Öffentlichkeit diesen neuen Beginn mit großer Anteilnahme verfolgte. Es muß aber auch gesagt werden, daß dieses so hoffnungsvoll begonnene Unternehmen am Widerstand einer teils kleinlichen, teils unfähigen Rathausbürokratie scheiterte. Ein paar Rainersche Gedankengänge haben den Zusammenbruch überlebt – im übrigen entstehen weiterhin Bauten, die wie Emmentaler aussehen, leider aber aus Beton und daher voraussichtlich von langer Lebensdauer sind.

Fruchtbar war diese Art von bürokratisch kastrierter Baumethodik allerdings – und überraschenderweise – für die bildenden Künstler der Stadt. Aufgrund eines von einem vereinzelten vernünftigen Funktionär durchgesetzten Finanzierungsparagraphen muß nämlich ein Bruchteil der öffentlichen Baukosten für die ‚künstlerische Ausschmückung‘ der Neubauten ausgegeben werden, für Sgraffiti also oder Mosaike oder Plastiken – und die passen zwar selten zu den jeweiligen Bauten, genügen aber, um die Stadtverwaltung zu einem konkurrenzlos dastehenden Förderer der bildenden Kunst zu machen (eine Leistung, die freilich von den Künstlern am allerwenigsten anerkannt wird).

Diese und andere Förderungsmaßnahmen sind sicherlich nicht unbeteiligt daran, daß sich in Wien einige sehr bedeutende Maler- und Graphikerschulen formiert haben, die zunehmend an internationalem Ruhm gewinnen – nicht nur die ‚Phantastischen

Realisten', sondern auch eine ganze Reihe von jüngeren Bildhauern haben einen Marktwert erreicht, der in der österreichischen Kunstgeschichte unerhört ist.

Derzeit tritt eine neue Architekturgeneration zum Sturm auf die Baubürokratie an – und wenn nicht alles täuscht, befinden sich Köpfe darunter, die gerade in der Auflehnung gegen die spießige und kleinkarierte Büro-Architektur Profil gewonnen haben. An Begabung fehlt's in Wien ja nicht, hat es nie gefehlt, höchstens an der Begabung, sich durchzusetzen.

Es wäre zu hoffen, daß diese jungen Leute auch über diese Begabung verfügen. Wien wäre am Ende nicht nur eine kaiserliche und eine republikanische, sondern außerdem eine moderne Weltstadt.

Übung

Man fahre in die Stadtteile jenseits der Donau – Kagran und Stadlau – und betrachte mit Schrecken, daß diese Vororte Wiens fast genau so aussehen wie die Vororte von Moskau, Paris und Hongkong: wüste Gebirge aus Beton-Fertigteilen ... Zur Erholung kann man, wenn Badewetter ist, ins nahe Gänsehäufel-Bad fahren, eines der wenigen Beispiele dafür, was ein guter Wiener Architekt vermag, wenn er nicht dem Normierungsdruck der Rathausbürokraten unterliegt.

Vokabeln

Jonas, der	Ehemals Wiener Bürgermeister, jetzt Bundespräsident.
Jonasgrotte, die	Nach dem ehemaligen Bürgermeister vom Volksmund so genannte, mit Rolltreppen und ähnlichem technischen Schmonzes ausgestattete Fußgängerunterführung vor der Oper.
Jonasreindl, das	Eine ähnliche Unterweltkuriosität vor der Votivkirche (ein ‚Reindl' ist eine Kasserolle).
Jonaszylinder	Ein auf prominentester Stelle erbauter Gasometer, bei dessen Eröffnung der ehemalige Bürgermeister von Wien die fast francisco-josephinischen Worte murmelte: „Vielleicht hätt' man ihn doch in die Erd' eingraben sollen ..."
Stadthalle	Ein kühnes Stück Architektur, das sich zwischen den Zinskasernen am Gürtel niedergelassen hat wie ein silbernes Weltraumschiff zwischen Spatzen. Halb Sport-, halb Kulturpalast, in dem abwechselnd die Harlem Globetrotters, Erich Kästner, die Wiener Symphoniker, Vico Torriani, ein russischer Zirkus, Herren- und Damenfriseure und alle möglichen anderen Entrepreneure auftreten. Erbauer: Roland Rainer.

VI. LEKTION
Wiener Feiertage

Die Wiener Arbeiterschaft ist politisch und gewerk-schaftlich vorzüglich organisiert, die Mechanisie-rung der Haushalte macht rasende Fortschritte, die Verbreitung des Fernsehens ist auch in Wien nicht mehr aufzuhalten, auf der Opernkreuzung müssen die Verkehrspolizisten einander in kurzen Abstän-den ablösen, weil die Auspuffgase des immer mehr anschwellenden Verkehrs nachgerade lebensge-fährlich sind, Automatisation, Arbeitszeitverkür-zung und Konsum-Mentalität werden nicht weniger hitzig diskutiert als anderswo – kurz, die Phäno-mene des Massenzeitalters sind in Wien dieselben wie in jeder anderen Millionenstadt.

Aber am 1. November, dem Allerheiligentag, pil-gern eineinhalb Millionen Wiener auf die Friedhöfe, um an den Gräbern kleine Kerzen anzuzünden; die ganze Großstadt steht an diesem Tag unter den Gesetzen eines Toten- und Ahnenkults durchaus naiver, ja urtümlicher Art. Am 5. Dezember kommt in alle Kinderzimmer der wattebärtige heilige Nikolaus und mit ihm der kettenklirrende Krampus, der gar nichts Großstädtisches an sich hat, sondern ein echter, rechter Bauernteufel geblieben ist; am Heiligen Abend steht auf allen Tischen der Weihnachtskarpfen, am Neujahrstag Selchfleisch, am Gründonnerstag Spinat mit Spiegelei und am Ostersonntag der Osterstriezel.

Die Beharrlichkeit, mit der die Wiener an diesen und vielen anderen Gebräuchen festhalten, beweist, daß Wien im Grunde seines Wesens eine immer noch zutiefst katholische Stadt ist; die jahrzehntelang regierenden, anfangs ziemlich irreligiös, ja antikirchlich orientierten Sozialdemokraten haben daran nichts ändern können und ihre Einstellung revidieren müssen: heute hängen in den von Sozialisten verwalteten Volksschulen wieder Kruzifixe, in jedem Klassenzimmer wird vor Unterrichtsbeginn gebetet und die jüngste Sozialistengarnitur ist sehr ernstlich daran interessiert, mit der Kirche wieder ins Gespräch zu kommen. Und so hängen mit Ausnahme des Ersten Mai – bei dem freilich auch nicht mehr recht zu unterscheiden ist, wo der Klassenstolz aufhört und die Frühlingsfreude beginnt – die Feste des Wieners eng mit dem Kirchenjahr zusammen, oder vielmehr mit einem Kirchenjahrskalender barock-bäuerlichen Charakters. Die Großstadt hat ja im Laufe ihres Wachstums Dutzende von Dörfern in sich aufgenommen und zwischen den Feuermauern ihrer Zinskasernen vielfach die alten Ortskerne weiterleben lassen; in jedem Bezirk stößt man auf kleine, von Kastanien

und ebenerdigen Dorfhäusern umgebene Land-
kirchen, vor denen sogar noch regelrechte Kirtage
gefeiert werden. Am Palmsonntag und zu Fron-
leichnam ziehen um diese Kirchen die Prozessionen
der Pfarrgemeinde: weißgekleidete Mädchen mit
Blumenkränzlein in den zuckerwasserversteiften
Locken, Ministranten mit Weihrauchfässern, viele
alte Weiblein mit dem bäurischen Kopftuch; an den
Häusern stehen ‚Palmbuschen' benannte Birken-
reiser, die der Geistliche im Vorübergehen segnet,
von den Fenstern hängen Teppiche herab, darauf
stehen brennende Kerzen zwischen Blumenvasen.
Die Kirchenglocken läuten und vor manchen Häusern sind Altäre aufgebaut worden – ein Vorzug,
der bisweilen in heftigen Rivalitätskämpfen zwischen den Nachbarhäusern erfochten worden ist.
Und wenn endlich der von den Lokalhonoratioren
getragene Himmel über dem Allerheiligsten an der
Ecke erscheint, salutieren die Wachleute und die
Leute links und rechts der Straße sinken andächtig
in die Knie.

Es gibt bescheidene und weniger bescheidene
Fronleichnamsprozessionen. Die größte zieht mit
wahrhaft barockem Prunk von der Stephanskirche
aus durch die Innere Stadt; an ihr nehmen nicht
nur die obersten Schichten der kirchlichen Hierarchie, sondern auch die Rektoren der Universität,
vor allem aber zahlreiche Regierungsmitglieder teil.
Früher einmal war es Pflicht des Kaisers und der
Erzherzöge, hinter dem Himmel einherzuwandeln,
heute tun's der Nationalratspräsident und der Bundeskanzler; es ist nur mehr eine Frage der Zeit, bis

auch die sozialistischen Minister an der Fronleich-
namsprozession teilnehmen werden.

In den Augen des Wieners ist der Fronleichnams-
tag – dessen wahre Bedeutung einem Nichtkatho-
liken freilich stets verborgen bleiben wird – schon
seit Kaisers Zeiten so etwas wie ein Staatsfeiertag.
Vielleicht hängt's damit zusammen, daß noch alle
offiziellen Versuche, einen profanen Unabhängig-
keitstag einzuführen und zu Ansehen zu bringen,
kläglich gescheitert sind und auch in Zukunft schei-
tern werden.

Übung

Wer die Berührung mit dem kleinen Volke nicht scheut und mehr kennenlernen will als die Vorderseite der Medaille, dem sei die nachfolgende Übung ans Herz gelegt. Esoterischen Charakteren und empfindlichen Naturen sei empfohlen, sie zu überschlagen.

Der Laaerberg – auch ‚Monte Laa' genannt – liegt dem Kahlenberg genau gegenüber am unteren östlichen Ende der Stadt. Aber während der Kahlenberg als Hausberg Wiens gilt, ist der Laaerberg sein Hinterhausberg. Vom gutbürgerlichen Kahlenberg blickt man der Stadt ins Gesicht, vom proletarischen Laaerberg erblickt man ... nun ja, ihre Kehrseite. Man gewahrt von hier aus weder das bekannte Silberband der Donau noch den Stephansdom. Hingegen sieht man die Gas- und Elektrizitätswerke der Gemeinde Wien, viele Fabrikschornsteine, den Zentralfriedhof und die Lagerhäuser von Albern. Es fehlt diesem chaotisch sich in die Ebenen des Ostens verlierenden Peripheriepanorama jede Anmut. An Größe, ja sogar an einer gewissen titanischen Großartigkeit fehlt es ihm nicht.

Der Laaerberg markiert die Grenze zwischen ozeanischem und kontinentalem Klima; an seinem westlichen Abhang endet die Stadt, an seinem östlichen beginnt die Steppe. Das schüttere Krüppeleichenwäldchen auf seiner Kuppe ist ein floristisches Kuriosum, ein letzter Rest sogenannter pannonischer Eichenwälder, der sich da seit postglazialen Zeiten kümmerlich, aber zäh am Leben hält. Auch die Fauna hat ihre Besonderheiten: manchmal huschen fremdartige Vögel über den Monte Laa, und in den Ziegelteichen findet man die Fossilien absonderlicher Urzeit-Krebse. Zwischen den pannonischen Krüppeleichen aber liegen Wirtshausgärten und drehen sich ein paar Ringelspiele. Das ist der ‚Böhmische Prater‘, das Erholungs- und Lustbarkeitszentrum der östlichen Vorstädte.

Das Publikum kommt von Simmering und Favoriten herauf – Familien mit Kind und Kegel, die sich am Rand der Ziegelteiche niederlassen, Pärchen und Paare im Badekostüm, Nachbarschaften, die sich in den Gasthausgärten um einfache Holztische drükken. Man sieht alte Frauen, die noch den knöchellangen Bauernkittel tragen; die mittlere Generation hat den guten Sonntagsanzug der Armen an, die Enkel stecken schon in Bluejeans. Der slawische Einschlag ist unverkennbar – Favoriten und Simmering waren noch vor vierzig Jahren vorwiegend tschechische Bezirke mit ihren eigenen Abgeordneten, Schulen und Fußballklubs; diese starke Minderheit hat Wien damals zur zweitgrößten tschechischen Stadt gemacht. Heute freilich hört man am Monte Laa nur mehr die alten Leute böhmische Unterhaltungen führen, die Jungen sind längst assimiliert.

Aber die Blasmusik in den Wirtsgärten spielt weder moderne Tanzrhythmen noch im donauländischen Dreivierteltakt. Sie spielt fast nur im böhmischen Zweivierteltakt, Polka um Polka, stundenlang, den ganzen Nachmittag hindurch. Die Leute sitzen schweigend vor ihren Biergläsern und hören zu. Auch die kleinen Tanzflächen sind dicht besetzt, alte Ehepaare tanzen in steifer Haltung Runde um Runde, die Mädchen tanzen miteinander, Frauen nehmen ihr Baby und drehen sich im Kreis. Es herrscht keine Fröhlichkeit. Alle sind mit einem fast unbegreiflichen Ernst bei der Sache. Die Musik macht unermüdlich ihr powidale, powidale, wisch-wisch-wisch – die Tänzer lächeln nicht, sondern geben sich ganz dem heute fast schon archaischen Rhythmus hin, powidale, powidale, wisch-wisch-wisch, den Ahnen zu Ehren, die auf den Friedhöfen von Strakonice oder Horazdovice liegen ...

Das Gebiet, auf dem sich all das abspielt, umfaßt zwei oder drei Quadratkilometer. Und doch gibt es hier urzeitliche Krebse und Schießbuden, Polkaklänge, Kopftüchel-Babas und verwegene Zuhältertypen, pannonische Eichen und Salzgurken, Kinderwagen und Ringelspiel – welch eine erstaunliche Fülle von Lebensformen auf kleinstem Raum!

Auch die Kehrseite dieser großen Stadt ist nicht wirklich häßlich.

Vokabeln

Fronleichnam	Der ‚Corpus-Christi'-Tag; wichtiges katholisches Kirchenfest. Der zehnte Tag nach dem Pfingstsonntag.
Firmung	wird im pfingstlichen Wien mit besonderer Sorgfalt gefeiert. Der ‚Göd' ist verpflichtet, sein Patenkind mindestens in einem papierblumengeschmückten Taxi, womöglich aber mit dem Fiaker zur Firmung und anschließend in den Prater zu führen – ein unerschöpfliches Thema für die Wiener Feuilletonisten. Auch die Kulturfilmhersteller schätzen die Firmungszeit hoch ein, weil die dazugehörigen Luftballons hübsche Durchblicke und Überblendungsmöglichkeiten ergeben.
Karnevalsumzüge,	Faschingsprinzen und dergleichen sind in Wien so gut wie unbekannt, weil der Wiener für Massenlustbarkeiten wenig Verständnis hat.
Fasching	Der Fasching allerdings wird mit zahlreichen Bällen, doch stets innerhalb der eigenen sozialen Rang- und Gesellschaftsschichten gefeiert. Mit dem noblen Ball der Wiener Philharmoniker wird der Reigen eröffnet; der weniger exklusive, aber äußerst kostspielige Opernball schließt die Saison ab. Dazwischen feiern Techniker, Ärzte, die Bürgerschaften der Bezirke, Rauchfangkehrer, Schrebergärtner, Ingenieure, Buchhändler undsoweiter ihre Bälle; selbst die Krankenwärter und Anatomieprosektoren haben ihr Faschingskränzchen. Die ehemals berühmten G'schnasfeste sind selten geworden, Redouten gibt es überhaupt keine mehr.

VII. LEKTION
Wiener Kaffeehäuser

Georg Kolschitzky ist ein Wiener kroatischer Herkunft gewesen und hat im Türkenbelagerungsjahr 1683 wichtige Kundschafterdienste für das kaiserliche Heer geleistet. Aber nicht deshalb ist sein Name der Nachwelt erhalten geblieben, sondern weil er mit einigen Kamelladungen türkischer Kaffeebohnen, die er zum Dank für seine Dienste als Beuteanteil erhalten hatte, das erste Wiener Kaffeehaus aufgemacht hat.

Dieses erste Wiener Kaffeehaus ist vermutlich eine recht primitive Lokalität gewesen, und es hat der Arbeit vieler weiterer Kaffeesieder-Generationen bedurft, um ihm jene endgültige Form zu verleihen, die es allen Stilwandlungen zum Trotz heute noch besitzt: Im Zentrum des Raumes stehen unverrückbar die Anrichte und der Zeitungstisch; die Billard- und Kartentische im Hintergrund und der Privatwandschrank des Obers sind weitere unveränderliche Fixpunkte der Kaffeehauskomposition, zwischen denen sich die von Plüschbänken und

Stühlen umgebenen Marmortische nach freier
Wahl gruppieren. Die Sitze müssen voneinander
so isoliert sein, daß man die Gespräche am Neben-
tisch nicht mehr belauschen kann, anderseits aber
so frei stehen, daß der Gast das ganze Lokal samt
seinen Besuchern übersehen kann und den Kellner
und die faszinierenden Kugeln auf dem Billard-
tisch jederzeit in seinem Blickfeld hat. Wenn die
Räumlichkeit eine solche Übersichtlichkeit nicht
gestattet, müssen Spiegelwände den Mangel aus-
gleichen – Spiegel in möglichst großem Umfang
gehören ohnehin zur üblichen Café-Innenarchi-
tektur.

Fremde, insbesondere Norddeutsche, halten das
Wiener Café für eine Stätte des Vergnügens. Nichts
ist falscher als das. Der Wiener liebt es, weil es inmitten der tausend Verpflichtungen des Alltags geruhsame Unverbindlichkeit bietet; er geht ja nicht

so gerne auf die Straße wie der Romane, nicht in einen Klub wie der Engländer, kaum zum Stammtisch wie der Deutsche – er geht statt dessen ins Kaffeehaus. Der Wiener ist ein Individualist, aber ein neugieriger, er will allein, aber unter Menschen sein – beides ist er im Kaffeehaus; es bildet den neutralen Ort zwischen Intimsphäre und beruflichem Leben, zwischen Wohnung und Außenwelt, und seine milden Narkotika Koffein und Nikotin – Alkohol wird im Kaffeehaus nur in minimalen Dosen konsumiert – helfen mit, Spannungen abklingen und Entspannung eintreten zu lassen.

Man muß das Wiener Kaffeehaus ernst nehmen, denn es besitzt eine soziologische Bedeutung hohen Ranges und ist ein Zivilisationsfaktor erster Ordnung: die Österreicher haben halb Ost- und ganz Südosteuropa nicht nur mit theresianischen Dorfkirchen, mit den gelben Mauern und schwarzen

Dächern franzisko-josephinischer Schulen und Bahnhöfen, sondern auch mit dem Wiener Café kolonisiert. Die Kirchen mögen unterdessen verfallen oder zweckentfremdet, die Bahnhöfe zerstört und die Schulen nicht mehr kaisergelb getüncht sein. Das ,Café Wien' erhält sicheren Berichten zufolge in Tarnopol, Czernowitz, Debrezin und Betschkerek heute noch europäische Traditionen aufrecht.

Wien selbst besitzt etwa tausend Kaffeehäuser (die Espressos sind nicht mitgezählt, denn in die geht man *nur* um des Kaffees willen). Das kleinste Kaffeehaus findet man am Franziskanerplatz, die größten an der Ringstraße. Jedes Café hat seine besonderen Stammgäste; im ,Landtmann' etwa findet man den Bundeskanzler und andere Regierungsmitglieder, die Stadt- und Gemeinderäte bevorzugen das ,Eiles', das ,Hawelka' hält die Tradition der in die Literaturgeschichte eingegangenen Literatencafés aufrecht, der ganz literarische Nachwuchs ist allerdings seit kurzem im ,Savoy' zu finden. Es gibt Kaffeehäuser, in denen fast ausschließlich Buchmacher, ,Rapid'-Anhänger oder ,Austria'-Fanatiker, andere, in denen nur ungarische oder jugoslawische Emigranten, ältere Damen, Witwen oder Pensionisten verkehren. Selbst die Außenseiter der Gesellschaft, Kassenschränker oder Homosexuelle, haben ihre Kaffeehäuser. Das beste, wundervollste aller Wiener Cafés befindet sich in der Dorotheerg... nein, mehr verrate ich nicht. Es gehen jetzt schon viel zu viele hin.

Es gibt also Kaffeehäuser aller Arten, Größen und Kategorien. Nur eines gibt es nicht und wird

es trotz aller Anstrengungen der Fremdenverkehrs-
techniker nie geben: das Konzertcafé, das im Aus-
land bisweilen für das typische Wiener Café ge-
halten wird. Denn eine Musikkapelle würde ins
Wiener Café genau so gut passen wie eine Music-
Box in ein Sanatorium für Nervenleidende.

Die Seele des Kaffeehauses ist sein Oberkellner, gewöhnlich ein Herr Franz, Anton oder Josef.
Anders als dem Gasthauskellner gilt dem Kaffeehausober das Entgegennehmen und die Exekution
von Bestellungen nur als notwendige, nicht als wich-
tigste Seite seiner Arbeit. Was den guten Wiener
Kaffeehausober so unschätzbar macht, sind die
vielen Dinge, die er außerdem tut, erledigt und
versteht. Wer einmal ein Wiener Kaffeehaus be-

sucht und dort einen ‚kleinen Braunen mehr licht‘ sowie die ‚Presse‘, die ‚Zürcher Zeitung‘ und die ‚Salzburger‘ bestellt, kann sicher sein, daß ihm der Ober beim nächsten, spätestens beim dritten Mal, unaufgefordert einen kleinen Braunen ‚mehr licht‘ auf den Tisch stellt und die ‚Presse‘, die ‚Zürcher Zeitung‘ und die ‚Salzburger‘ – und zwar in eben dieser Reihenfolge – auf den Stuhl daneben legt. Der Kaffeehausober führt sämtliche gängigen Zigaretten- und Zigarrensorten, zaubert Schreibpapier, Briefmarken, Feder und Tinte, aber auch Kopfwehpulver herbei, versieht imaginäre Rechnungen mit einem Stempel (denn die Wiener Finanzämter erkennen bei freiberuflich Schaffenden Kaffeehausbesuche als steuerliche Abzugspost an), bringt alle zehn Minuten frisches Wasser und gibt diskrete, aber wohlbegründete Stellungnahmen zur meteorologischen, politischen, allgemein philosophischen sowie allen anderen Fragen ab, die den Gast im Augenblick bedrängen.

Mit Recht erwartet der Herr Franz, Anton oder Josef höheren Lohn als das übliche Trinkgeld: er wünscht vertraulich und mit jener Achtung behandelt zu werden, wie sie einer künstlerischen Leistung zukommt. Man zolle sie ihm. Er verdient sie.

Übung

Das Wiener Kaffeehaus ist ein Ort der Ruhe. Hier kann man geschäftliche Konferenzen ab- und amouröse Rendezvous einhalten, Freunde und Gesinnungsgenossen treffen und Feinde in stillschweigendem Waffenfrieden einfach übersehen.

... in einem Wiener Kaffeehaus kann man in aller Ruhe Bestseller, Fachartikel und Leserbriefe an Redaktionen verfassen, über der Quadratur des Kreises grübeln oder abwesenden Blicks auf den Marmortischplatten einen privaten Rorschachtest veranstalten.

... in einem Wiener Kaffeehaus kann man in aller Ruhe stundenlang Zeitungen lesen, Illustrierte und das Branchenverzeichnis durchblättern und aus Modejournalen heimlich die apartesten Modelle herausreißen.

... in Wiener Kaffeehäusern kann man einen Bauernschnapser oder einen Pagat ultimo ansagen, man kann Bridge, Canasta, Schach, Dame, Billard, Go und Mahjong spielen.

... in Wiener Kaffeehäusern kann man Briefmarken, Edelsteine, Schmetterlinge tauschen.

... ferner schimpfen, nörgeln, diskutieren, Witze erzählen, politisieren, Weltverbesserungspläne fassen.

... man kann unter anderem Kaffee in etwa vierundzwanzig verschiedenen Zubereitungsarten und Kaffeegebäck in ebensoviel Formen, multipliziert mit vier bis fünf verschiedenen Zubereitungsarten, zu sich nehmen.

... man kann im Kaffeehaus Briefe schreiben, Post empfangen, Ferngespräche erhalten und anmelden.

... man kann in vielen Wiener Cafés, zum Beispiel im ‚Promenaden-Café' ausgezeichnet speisen.

... und schließlich in aller Ruhe jede andere Tätigkeit ausüben, zu der man Lust hat. Es gibt nichts, was man in einem Wiener Kaffeehaus nicht tun könnte.

Vokabeln

Kuchen	Ein im Wiener Café unbekannter Begriff. Es gibt vielmehr Gebäck (,Brötchen' verschiedenster Form) und Bäckerei (Konditorware).
Kaffee	Ein im Wiener Café gleichfalls nicht verwendetes Wort. Man bestellt nicht Kaffee, sondern einen kleinen oder großen Schwarzen, Braunen, Weißen, die letzteren nach Geschmack ,mehr licht' oder ,mehr dunkel'. Variationen sind die ,Melange', ,Schale Gold', der ,Kapuziner' und sehr viele andere.
Obers (Schlagobers), Sahne (Schlagsahne)	Muß gesondert bestellt werden (,mit Obers').

VIII. LEKTION
Makabres Intermezzo

Im Jahre 1679 ist Wien von einer verheerenden Pestepidemie heimgesucht worden. Sie hat zwei bemerkenswerte Dinge hinterlassen: die prachtvolle barocke Pestsäule am Graben und die Legende vom Lieben Augustin.

Der Liebe Augustin war, so lautet die Legende, so etwas wie ein stadtbekannter Heurigensänger des siebzehnten Jahrhunderts; daß ihn auch die Nachwelt kennt, hat er dem peinlichen Umstand zu verdanken, daß er einmal seinen Rausch versehentlich in einer jener Pestgruben ausschlief, in denen man die Pesttoten zu Hunderten sammelte, ehe man sie samt und sonders mit Erde bedeckte, um dann nach dem Erwachen heil und uninfiziert aus dem Pestloch zu kriechen und sogleich jenes Lied anzustimmen, das heute noch jedes Wiener Schulkind als erstes kennenlernt: „Oh, du lieber Augustin, alles ist hin ..." – ein Lied, dessen Text zwar bitteres, ja entsetzliches Erwachen andeutet, aber in leicht beschwingter Dreivierteltaktmelodie zu singen ist.

Die historische Authentizität des Liedes ist umstritten, aber die Wiener messen ihm nun einmal eine sinnbildliche Bedeutung von hohen Graden zu – und nichts könnte bezeichnender für sie sein. „Nur der geistlose Mensch kann den Harm übersehen, der überall durch die fadenscheinige Gemütlichkeit durchblickt", sagt der große Satiriker Nestroy, dessen Alter von der Furcht vor dem Lebendigbegrabenwerden tragisch überschattet wurde, indem er seine Landsleute betrachtet. Und er hat recht damit: der Wiener Walzer dreht sich bemerkenswert oft um geöffnete Gräber. Ist es nicht sonderbar, daß Johann Strauß unter entsetzlicher Todesfurcht gelitten hat? Daß auch die banalsten Heurigenlieder mit Sterbegedanken zu enden pflegen: „Es wird ein Wein sein und wir wer'n nimmer sein ...?" Alle Großen der Wiener Musik und der Wiener Literatur sind unglückliche Liebhaber des Lebens gewesen, mögen sie nun Raimund oder Nestroy, Saar, Stifter, Lenau, Grillparzer, Beethoven oder Strauß geheißen haben – und beklemmend viele unter ihnen sind so unglücklich gestorben wie sie gelebt haben.

Indessen ist die Diskrepanz zwischen Walzertakt und Pestgrube denn doch zu groß, als daß sie immer tragisch sein müßte. Sie hat oft nur tragikomische oder skurrile, manchmal auch einfach groteske Wirkungen. Die Wiener Lokalhistorie ist voll von spaßig-makabren Anekdoten dieser Art. Da gibt es etwa die Geschichte von dem hochgebildeten Mohren Angelo Soliman, der im Wien

Josephs II. ein geachteter Bürger war, nach seinem Tode jedoch auf Geheiß des guten Kaisers Franz und gegen den Protest der Bevölkerung ausgestopft und als ‚Repräsentant des Menschengeschlechts' im kaiserlich-königlichen Naturalienkabinett ausgestellt wurde. „Laß dich ausstopfen", ist heute noch eine Redewendung des goldenen Wiener Humors. Auch die Geschichte von den kaiserlichköniglichen Feldmarschällen gehört hierher, die ihren Heldenleib schon zu Lebzeiten einem fanatischen Verehrer verkauften, der sich einen privaten Heldenfriedhof etwa in dem Sinn anlegte, in dem ein anderer präparierte Auerhähne sammelt. Sinnigerweise handelte es sich bei jenem Heldenleibsammler um einen eher zweifelhaften Kriegslieferanten. Er hat übrigens zwischen den Glanzstücken seiner Kollektion, den Feldmarschällen Radetzky und Wimpffen, auch sich selbst beisetzen lassen, in rotsamtenem Schlafrock mit darübergeschnalltem vergoldeten Harnisch, nicht wie die Heerführer liegend, sondern auf einem Phantasiethron sitzend und, wie eine kürzliche Untersuchung bewies, weit besser mumifiziert als die beiden Schlachtenlenker, die bei der Berührung mit der frischen Luft alsbald zerfielen und zerrannen – was im Ganzen eine wundervolle barocke Allegorie mit dem Titel ‚Mammon und der Kriegsruhm' ergeben mag. Der Schauplatz dieser historischen Denkwürdigkeiten ist mit hunderten von überlebensgroßen Büsten garniert, die zunächst alle Habsburger, sodann alle Feldmarschälle der Habsburger und schließlich sämtliche Offiziere des bis dahin letzten Habsburger Feldmarschalls

Radetzky darstellen. Da sie samt und sonders aus Gußeisen bestehen, wirkt das Ensemble ein wenig rostig, was um so bedauerlicher ist, als es im ursprünglichen Zustand, nämlich realistisch mit Ölfarben bemalt, gewiß noch eindrucksvoller gewesen sein muß, was auch für die zahllos in der Umgebung verstreuten Siegesgöttinnen, trauernden Löwen und schnurrbärtigen Krieger zutreffen dürfte. Dieses Bedauern sollte jedoch nicht vom Besuche des sogenannten Heldenberges abhalten. Er liegt nördlich der Donau bei Klein-Wetzdorf, eine knappe Autostunde von Wien entfernt und ist täglich bis Sonnenuntergang zugänglich. Es gibt auch einen beamteten Führer dort, der sich für seine Erläuterungen mehrere stilistische Versionen zurechtgelegt hat. Man versuche durch gesetztes und ergriffenes Benehmen jene Version zu provozieren, die bei korporativen Besuchen von Gendarmerieschülern, Unteroffizieren und Kriegervereinen angewendet wird.

Das erhabene, wiewohl im Grunde nicht weniger makabre Gegenstück zu diesem Heldenberg befindet sich im Herzen Wiens und heißt Kapuzinergruft. Ein Besuch dortselbst sei ausdrücklich empfohlen, nicht zuletzt des unnachahmlich böhmakelnden Kapuzinerpaters wegen, der die Fremden mit Weisheit zwischen den toten Herrschern einer versunkenen Macht spazierenführt.

Aber auch die Gegenwart ist nicht arm an makabren Anekdoten. So wäre zum Beispiel viel Erheiterndes von der aufsehenerregenden Entdeckung einer falschen Mozart-Totenmaske und dem

echten Totenschädel Haydns zu erzählen, den man jüngst in einem sorgfältig ausgeklügelten Triumphzug durch Schulkinderspaliere und an festredenden Bürgermeistern vorbei durch halb Österreich geschleppt hat, während Presse und Rundfunk nicht müde wurden, das Ereignis in allen Tonarten zu schildern und zu rühmen, wobei sie freilich das Ding nicht beim Namen, sondern schönfärberisch ‚Cranium‘ nannten. Dadurch erfuhr das anatomische Wissen der Bevölkerung wertvolle Bereicherung.

Daß sich in diesen makabren Geschichten eine gewisse bürokratische Pedanterie geltend macht, soll nicht wundernehmen – gerade die ist das spezifisch Wienerische oder vielmehr Österreichische daran. Nur barocke Wiener Beamtengehirne können eine Feier erfinden, wie sie anläßlich des Mozartjahres am 5. Dezember 1956 um Mitternacht zum hundertfünfundsechzigsten Todestag des Komponisten stattgefunden hat. Daß man einen hundertfünfundsechzigsten Todestag zum Anlaß einer mitternächtlichen Feier nimmt, wäre an sich schon ungewöhnlich genug. Daß diese Mozartfeier an einem Mozartgrab stattfand, in dem Mozart ganz gewiß nicht begraben liegt, vor einem Grabstein, der ganz bestimmt niemals Mozarts Grabstein gewesen ist, macht den Vorgang bereits ein wenig irreal. Daß aber schließlich der Schauplatz dieser Feier von fackeltragenden Sektionschefs aus dem Unterrichtsministerium erhellt wurde, das gibt dem Ganzen die entschieden makabre Note.

Übung

Dem Freund und Kenner makabrer Phänomene hat Wien gar manches Interessante zu bieten. So zum Beispiel werden im ‚Grauen Haus‘ – dem Wiener Landesgericht und Untersuchungsgefängnis – regelmäßige Führungen veranstaltet, die auch den Besuch der alten Hinrichtungsstätten miteinbezieht. Wer sich tiefer in diese Materie zu versetzen wünscht, der findet eine exquisite Sammlung mittelalterlicher Folterwerkzeuge im übrigens auch aus anderen Gründen empfehlenswerten Niederösterreichischen Landesmuseum; sie steht unter der Obhut eines Museumdieners, der als echter Liebhaber die Anwendung der einzelnen Geräte auf Wunsch gerne praktisch zu demonstrieren bereit ist.

Die Zahl der Wiener Friedhöfe beträgt hundertacht; manche davon haben biedermeierlichen oder barocken Charakter bewahrt und sind unerschöpfliche Fundgruben für zahlreiche Amateur-Lokalhistoriker und Stimmungswilderer. Der größte ist der Zentralfriedhof, von dem das Wort geht, daß er doppelt so groß wie Zürich, aber dafür auch zweimal so lustig sei. Der romantischste ist der ‚Friedhof der Namenlosen‘ am Donaubogen bei Albern, an dem die Leichen der im Strom Ertrunkenen angeschwemmt werden; dieser Friedhof und das nach ihm benannte Gasthaus gelten in den östlichen Bezirken als beliebtes Ziel sonntagnachmittäglicher Familienausflüge.

Die Leichenbestattung ist ein kommunalisiertes Unternehmen und verfügt über fünfhundert Autos und siebenhundert Bedienstete, deren Tätigkeit im

Amtsblatt der Stadt Wien vom 10. Oktober 1951 wie folgt beschrieben wird: „All diese Männer, vom Chauffeur des Leichenautos bis zum Totengräber, haben keinen beneidenswerten Dienst. Sie müssen immer wieder die Verzweiflungsausbrüche mitansehen, wenn der teure Tote aus dem Hause getragen wird, oder sie müssen Zeugen der traurigen Szenen sein, die sich abspielen, wenn der Sarg in der Tiefe versinkt. Wollen wir diese Menschen als das betrachten, was sie wirklich sind: unsere Helfer in schwersten Stunden!"

Vokabeln

Anasiebz'ger, der	‚Einundsiebziger', das heißt Sterbender, abgeleitet von der zum Zentralfriedhof führenden Straßenbahnlinie 71.
Ham geh'n, Buckerl mach'n, a Bankerl mach'n, umsteh'n, die Patschen ausstrecken	Synonyme für ‚sterben'.
Pompfinebrer, der	Angestellter eines Leichenbestattungsunternehmens. (Von *pompe funèbre*). Auch als mildes Schimpfwort verwendbar.

IX. LEKTION
Wien bei Nacht

Da der Wiener kein Sanguiniker, sondern viel eher ein Melancholiker ist und außerdem gerne früh schlafen geht, darf man im nächtlichen Wien weder eine *Levée en masse à la Place Pigalle,* noch jene geräuschvolle Fröhlichkeit erwarten, die schon so manchen Italienreisenden zum Wrack gemacht hat. Aber natürlich gibt's auch in Wien ein nächtliches Vergnügungsleben, das allen Anforderungen gerecht werden dürfte – wer will, findet sogar Apachencafés mit passenden Tanzeinlagen. Über Geschmäcker läßt sich bekanntlich nicht streiten.

Bemerkenswert ist allerdings, daß man am Wiener Nachtleben in allem dann Geschmack finden wird, wenn man ihn selber hat. Die wesentlichen Genüsse, die es zu bieten hat, sind, so sonderbar es auch klingen mag, weit weniger von leiblicher als spiritueller Art. Wer sie sucht und findet, wird auf seine Rechnung kommen und die wird nicht einmal gesalzen sein.

Damit kann der theoretische Teil der neunten Lektion als abgeschlossen betrachtet werden. Es muß füglich dem individuellen Forschungsdrang und subjektiven Ergötzungsbedürfnissen überlassen bleiben, tiefer in den Lehrstoff dieses Kapitels einzudringen.

Übung

Bars im internationalen Stil und Standard gibt es nicht sehr viele; es würde mich wundern, wenn es mehr als zwei Dutzend wären. Man findet sie, von einigen Ausnahmen abgesehen, in den Seitengassen des Graben und der Kärntnerstraße. Splendid und Edenbar gelten als die nobelsten, doch sind Atmosphäre, Gesellschaftsdamen und Preise auch in den anderen durchaus gepflegt.

Unter den ‚Nachtlokalen mit Programm' – auch ihrer sind nicht viele – bringt das ‚Moulin Rouge' akzeptable Artistik. Zeitweise war oder ist in diesem Etablissement ein ‚Erotisches Theater' untergebracht, aber es muß bemerkt werden, daß die Wiener, sonst für jedes Theater zu haben (,Theater' ist im Wiener Dialekt ja zum Synonym für ‚erregendes Ereignis' geworden), diesem Theater wenig Interesse abgewonnen haben. Aber in gewissen Beziehungen ist Konservatismus vielleicht doch etwas ganz G'sundes.

Im ‚Maxim', ‚Chez nous' und anderen Lokalen bietet man Striptease-Variationen, denen nicht das sparsamste artistische Mäntelchen umgehängt wird. Die Programme dauern stundenlang und bieten insbesondere dem wissenschaftlich geschulten Geist des Ethno- und Anthropologen eine Überfülle interessanten Beobachtungsmaterials: wie höchst wunderbar und lehrreich ist es doch zu sehen, wie stark die Gesichtszüge dieser indischen, japanischen, spanischen und sonst exotischen Schönheitstänzerinnen an jenen vorwiegend böhmischen Typus gemahnen, dem man in den östlichen Wiener Außenbezirken so häufig begegnet.

Die ‚Marietta-Bar‘ ist nur nebenbei eine Bar und sonst ein wundervolles Kuriosum. Sie wird von literarischen Könnern, Kennern und deren Bekannten frequentiert. Ihre Bedeutung liegt in der Person eines überaus sorgfältig gescheitelten, betont melancholischen Herrn, der sich allabendlich Schlag elf Uhr ans Klavier setzt und eigene Kompositionen zu singen beginnt. Er tut dies in sehr kultivierter Art. Wer nicht scharf hinhört, hält es für die in Bars übliche Stimmungssingerei, wer hinhört, fällt zunächst einmal vom Barhocker, weil der seriöse Herr beharrlich von den drei blauen Augen seiner Geliebten erzählt und anschließend vorschlägt, den Reiz des Stadtparkfrühlings durch das Vergiften von Tauberln zu erhöhen. Auch erklingt das Marschliedchen einer Wanderniere, das Lied von der sozialdenkenden Engelmacherin – kurz, der junge Mann am Flügel verbreitet eine Stimmung gesunder Krankhaftigkeit um sich, vollbringt jedoch als ein wahrer Neurosenkavalier seine literarischen Meuchelmorde stets unter Wahrung der feinen gesellschaftlichen Formen und der Beachtung vornehmer Dezenz. Er heißt abwechselnd Georg Kreisler oder Gerhard Bronner und präsentiert zusammen mit dem genialen Helmut Qualtinger das Wiener Kabarett schlechthin. Bisweilen erlebt man in der ‚Marietta‘ alle drei Herren und einige andere dazu in ausschweifender Improvisationslaune; dies führt dann zu Orgien des Witzes, die ebenso elementar sind wie der Schwefelregen über Sodom und Gomorrha.

Man kann in der ,Marietta' etwaige Vorurteile be-
züglich des Wiener Humors revidieren, der keines-
wegs goldig und alles andere als naiv ist. Da er dem
Dialekt stark verhaftet ist, neigt er zu parodistischen
Enthüllungen, weil er großstädtisch ist, schätzt er das
Zynische. Wer's anderswo bestätigt haben will, bege-
be sich nach Nußdorf zu den ,Drei Spitzbuben', die
einem keineswegs intellektuellen Publikum ätzende
Zeitkritik vorsingen und zwar zu dessen tiefster Be-
friedigung: „Hab ich g'nug Heimat im G'sicht?" fragt
einer mitten im Vortrag einer Blutundbodenmelodie.
„Geht schon", sagt der dritte, „nur ins linke Aug' mußt
mehr Wies'n geb'n!" Wenn das nicht gut ist?

Die ,Drei Spitzbuben' singen beim Heurigen – und
der ist nun freilich der Inbegriff des Wiener Nacht-
lebens und leider eine Quelle des Mißverständnisses
für alle Nicht- und ungelernten Wiener. Wer ihnen zu
entgehen wünscht, lerne somit, daß das Wort ,Heu-
riger' nicht ein-, sondern vieldeutigen Sinn hat. Der
Heurige an sich, das ist zunächst Wein der letzten
Lese, ein junger, spritziger, meist etwas säuerlicher
Wein von beträchtlichem Alkoholgehalt. Im erweiter-
ten Sinn ist der Heurige der Ort, an dem der Heurige
ausgeschenkt wird – und da gilt's zu unterscheiden.
Es gibt Gastgewerbeunternehmen, die Tausende von
Weintrinkern auf einmal versorgen können; in ih-
nen pflegen sich die eingeborenen sowie zugereisten
Barbaren niederzulassen. Es gibt Heurigenlokale
mittlerer Größe und schließlich solche, in denen zwi-
schen Fliederbüschen und Kastanien nur drei oder
vier Holztische stehen und nicht mehr. Das sind die

besten. Dann gibt's aber auch noch Weinhauer, die nur an einigen Tagen im Monat in den Höfen ihrer Altwiener Häuser ausschenken. Das sind die allerbesten. Aber es ist sicherlich leichter, ohne Referenzen in den Royal Jacht-Klub aufgenommen zu werden, denn als Fremder hier sein Viertel zu erhalten.

Und schließlich bedeutet ‚Heuriger‘ nicht nur das Getränk und einen Ort, sondern alles, was dazu gehört: reichlichen Vorrat an eßbaren Dingen; eine Sommernacht ohne Mücken; einen Abend schließlich, den man dazu benützt, um sich als Mensch zu fühlen.

Nur Unwissende oder geistig Minderbemittelte verwechseln den Besuch eines Heurigen mit hemmungslosem Alkoholgenuß. Aber so wenig, wie eine japanische Teezeremonie ein geeigneter Anlaß ist, um sich mit Tee vollzuschlempern, so wenig ist der heurige Wein dazu da, Räusche zu erzeugen. Er ist vielmehr Vorwand, Katalysator zu Besserem, nämlich zu leiblicher und seelischer Rekreation in der Gesellschaft Gleichgesinnter. Der Wiener ist an sich kein soziales Wesen – beim Heurigen und nur dort ist er es.

Wien hat nur zwei Dutzend Bars, aber Tausende von Heurigenlokalen, Buschenschenken, Weinbauerhäusern – nicht nur im allzuberühmten Grinzing, sondern auch in Sievering, in Stammersdorf, in Ottakring und weiter innerhalb eines Umkreises von vierzig Kilometern rings um die Stadt.

Jeder Wiener hat ‚seinen‘ Heurigen, der allen anderen Heurigen an Vollkommenheit überlegen ist und den er vor allen Fremden sorgfältig geheim hält. Der Autor auch.

Dem, der nächtlicherweise vom Weltschmerz über-
fallen wird, stehen ziemlich viele Lokale mit unga-
rischer, rumänischer und serbischer Zigeunermusik
zur Verfügung, deren überaus schluchzende Weisen
jedes Weh erst gewaltig anschwellen lassen, um es
schließlich unter perlenden Glissandos radikal zu
ersäufen.

Daß auch das Wiener Nachtleben seine düsteren
Seiten hat, läßt sich kaum verschweigen. Zu Tot-
schlag und Messerstechereien kommt's vorzugsweise
am äußeren Lerchenfeldergürtel sowie in den Ge-
genden westlich der Praterstraße. Der Besuch dieser
Gegenden ist nicht ausdrücklich empfehlenswert. Es
geht dort gar zu naturalistisch zu.

Vokabeln

Heuriger	Wein der letzten Fechsung.
Alter	Wein früherer Fechsungen.
Spezial	Hausmarke des Wirts.
G'spritzter	Ein zu gleichen Teilen aus Wein und Soda-wasser bestehendes Erfrischungsgetränk.
Sturm	In Gärung übergehender Traubenmost.
Weinbeißer	Eine Art kleiner Lebkuchen, die hoffnungs-lose Alkoholiker vor dem Genuß in den Wein tauchen, eine Methode, die schwerste Räusche nach sich zieht; im übertragenen Sinn: ein Weinkenner.
d'Musi	Die Heurigenmusik. Ursprünglich ein (Schrammel-) Quartett, bestehend aus zwei Geigen, Klarinette und Gitarre; heute gewöhnlich ein Trio aus Geige, Gitarre und Ziehharmonika.
Prater	Der eigentliche Prater ist ein großes Stück alten Donau-Auwaldes, das weit in die Stadt hineinreicht. In diesem unvergleichlichen Naturpark befinden sich neben der Pracht-Hauptallee und dem großen Fußballstadion vor allem die Stätten des Nobel-Sports, nämlich die beiden Pferderennbahnen und der einzige Wiener Golfplatz.

Wurstelprater

Der Wiener Vergnügungspark am Rande des Praterwaldes ist im letzten Kriegsjahr mit Ausnahme des Riesenrades völlig zerstört worden. Nach 1945 hat man sofort mit dem planmäßigen Wiederaufbau begonnen – und eben das ist sehr zu bedauern. Denn so etwas wie den Wiener Wurstelprater kann man nicht planmäßig erstellen, das muß aus Eigenem wuchern und sich drängen dürfen. Und also wird's wohl noch eine Weile dauern, ehe der lebensfreudige Schießbudenkitsch die Vorstellungen der Architekten überwuchert und dem Wurstelprater seinen alten Zauber zurückgegeben haben wird.

Schmäh, der   Unübersetzbares Dialektwort. ‚Einen Schmäh erzählen' – jemandem etwas Unglaubwürdiges glaubhaft vorspiegeln, und zwar nicht eines betrügerischen Effektes, sondern des sprachlichen und psychologischen Lustgewinns halber. Zwischen dem, der einen Schmäh macht oder ‚reißt' oder, im Extrem, ‚den Schmäh rennen laßt' und dem Zuhörer, der sich ‚mit einem Schmäh übernehmen' läßt, pflegt zynisch-heiteres Einvernehmen zu herrschen. Der eine setzt allen Witz und alle Menschenkenntnis ein, um dem anderen etwas vorzumachen. Der andere wendet allen Witz an, um so zu tun, als ob er sich nicht gern etwas vormachen ließe und steigert so die Anstrengung des ersten, dem zweiten nun erst recht etwas vorzumachen. Beide sind sich jedoch jeden Augenblick darüber im klaren, daß der andere weiß, daß man selbst weiß, daß er weiß undsoweiter. Der Schmäh wird also um seiner selbst willen gehegt und gepflegt und er ist durchaus artistischer Selbstzweck; aber diese aus dem Handgelenk improvisierten Spiegelgefechte sind die Grundlage aller wienerischen Unterhaltsamkeit. Der Heurigensänger läßt seinen Schmäh so gut ‚rennen' wie der Zigeunerprimas oder der unerschöpfliche Helmut Qualtinger. Selbst dem Werk eines Nestroy oder Strauß sind unter dem Gesichtspunkt Schmäh neue Aspekte abzugewinnen. Der Wiener fällt auf den Schmäh nur selten, der Fremde aber mit Sicherheit herein. Er nennt's dann ‚Wiener Charme'.

X. LEKTION
Kultur und Kulturelles

Ein Ausländer, der in eine bessere Wiener Gesellschaft hineingerät, wird über die österreichische
Innenpolitik allenfalls ein paar Bonmots, über die
wirtschaftliche Lage ein wenig Nörgelei und über
Literatur gar nichts hören. Hingegen wird er in
neunundneunzig von hundert Fällen Zeuge eines
ausführlichen und kennerisch-fundierten Ge-
sprächs über die letzten musikalischen Ereignisse
und Skandale werden.

Denn wenn der Wiener von ,Kultur' spricht,
meint er Musik, wenn er von Kunst spricht, meint er
wiederum Musik, und Musik versteht er, wenn von
den ewigen Werten des Abendlandes, von der Seele
des Menschen und vom lieben Gott die Rede ist. Jedoch ist dieses Verhältnis des Wieners zur Musik
ein durchaus naives; er liebt sie nicht nur, er braucht
sie auch – denn die Musik – und nur die Musik –
ist imstande, die vielen und oft sehr schmerzlichen
Disharmonien des Wienerischen zu besänftigen,
aufzulösen und in harmonischen Einklang zu brin-

gen. Nur wenn man das weiß, kann man begreifen, warum auch im Zeitalter der Musikautomaten und Musikkonserven noch jedes zweite Wiener Schulkind ein Musikinstrument spielen lernt, warum die Oper das erste Wiener Gebäude war, dessen Wiederaufbau nach den Kriegszerstörungen unter geradezu unbegreiflichen Opfern begonnen wurde und warum die großen Konzertsäle und die beiden Opernbühnen alljährlich fünfundneunzig Prozent ihrer Billette verkaufen. (Daß nicht hundert Prozent verkauft werden, ist lediglich auf die Tatsache zurückzuführen, daß es auch in Wien gelegentlich zweitrangige Aufführungen gibt.)

Nach der Musik kommt das Theater und unter den Theatern vor allen anderen das Burgtheater, gemeinhin ‚die Burg‘ genannt. Sie steht unter den geistigen Gütern der Nation gleich neben der Oper an vorderster Stelle und unterliegt deshalb fürchterlichen Tabus, die jede Diskussion gefährlich machen. (Vor nicht langer Zeit hat ein äußerst populärer Burgschauspieler im Rahmen eines Ehrbeleidigungsprozesses für einen Wiener Kritiker, der als Tabuverletzer notorisch geworden ist, mit dem ganzen Ernst des Komödianten die Todesstrafe gefordert. Das Gericht hat diesem Wunsch allerdings, wenn auch wahrscheinlich mit Bedauern, nicht entsprochen.) Burgtheater-Abonnements werden vom Vater auf den Sohn vererbt. Der Besitz eines solchen verleiht patrizischen Rang, doch sind auch Abonnements im Akademietheater oder im Theater in der Josefstadt Dinge, deren man sich nicht einmal im äußersten Notfall entäußern würde. (In einem neueren Wiener Mordfall spielte der Geiz der Ermordeten – übrigens einer älteren Prostituierten – eine gewisse Indizien-Rolle; als Beweis für die Krankhaftigkeit ihres Geizes aber wurde von der Polizei angegeben, daß die Betreffende knapp vor ihrem Tode noch ihr Josefstädter-Abonnement gekündigt habe. Und kein Wiener wunderte sich über dieses Argument auch nur im geringsten ...)

Hinter der Musik und dem Theater treten alle anderen kulturellen Ambitionen weit in den Schatten. Das Musikpublikum zählt in Wien nach Hunderttausenden. Das Publikum der Wiener Theater – außer den genannten und dem ehrgeizigen Volkstheater sind Kellertheater in wechselnder Zahl vorhanden – ist nicht viel kleiner. Aber kaum tausend Wiener können als halbwegs regelmäßige Kunstausstellungsbesucher gelten – wiewohl die bildende Kunst viel Talente aufweist, die internationalen Ruhm genießen. Dem Ausländer sei empfohlen, die ,Galerie Würthle', die ,Galerie St. Stephan', die ,Galerie Peithner-Lichtenfels' und die ,Secession' zu durchstreifen, der Wiener wird dazu auch mit noch so guten Worten nicht zu bewegen sein.

Und die Wiener Literatur?
Die wird anderswo gedruckt und gelesen.
Zum Beispiel in der Schweiz.

Übung

Das Kunsthistorische Museum ist eines von den drei oder vier Super-Kunstmuseen dieser Welt. Man kann monate- und jahrelang in ihm umherwandern, ohne es wirklich kennengelernt zu haben. Wer nicht wahllos, sondern mit Auswahl genießen will, sei auf die einzigartige Sammlung von Werken Peter Breughels verwiesen – jedes Bild eine Wunde im Herzen der Leute vom Amsterdamer Rijksmuseum – und ebenso auf die Kollektion von Bildern der Dürerzeit, die dank der Ausstellungstechnik des klugen und urbanen Direktors Oberhammer so unverstaubt wie am ersten Tage wirken.

Dem Kunsthistorischen liegt das Naturhistorische Museum gegenüber, dessen Bestände die Spuren der galoppierenden Budgetschwindsucht leider nur allzu deutlich anzumerken sind.

Im Gebäude der Hofburg sind neben der weltlichen und der geistlichen Schatzkammer das Völkerkundemuseum (mit Montezumas Krone), die Musikinstrumentensammlung und die Waffensammlung untergebracht. Das Musikmuseum entspricht der musikalischen Bedeutung Wiens und ist ein Ort, an dem selbst hartgesottene Manager das Schaudern lernen können – wenn nämlich der Führer auf den Klavieren Mozarts oder Beethovens ein paar leise Töne anschlägt ... Nicht durch den Raum schwebende Engel, sondern die kostbarsten Harnische Europas und also der Welt findet man nebenan, und zwischen ihnen die witzigsten und amüsantesten Kustoden

Wiens. Wohl dem, der sich ihrer Führung anvertrauen darf.

Ein Museum, das Kubin erfunden haben könnte, liegt am Schulhof und beherbergt ausschließlich Uhren jeder Größe, jeden Alters, jeder Herkunft. Es wird von einem alten Herrn verwaltet, der wie Gott Chronos persönlich aussieht. Die Besuchszeiten dieses Museums allerdings dürften aus einer Zeit stammen, in der noch nicht einmal die Sonnenuhr erfunden war, weshalb es ratsam ist, sie vor dem Besuch sorgfältig zu erkunden.

Die Wagenburg in Schloß Schönbrunn ist – ein Kuriosum für sich – ein Museum von Prunkfahrzeugen früherer Jahrhunderte. Das benachbarte technische Museum wurde um die Jahrhundertwende gegründet und ist erfüllt von einer spezifisch österreichischen Tragik: von genialen Versuchen, die ihren Erfindern wenig Glück gebracht und Tüchtigere reich gemacht haben: von Ressels Schiffsschraube, Lilienthals Gleitfliegern, dem Auto des Siegfried Marcus, Maderspergers Nähmaschine und Produkten anderer österreichischer Propheten, die im eigenen Lande nichts gegolten haben.

Ähnliche Schwermut waltet auch über dem bizarren Heeresgeschichtlichen Museum im Arsenal, wie es nicht anders zu erwarten ist bei einem Museum, das einer Armee gewidmet ist, die alle hoffnungslosen Schlachten gewonnen und die entscheidenden immer verloren hat.

Vokabeln

Kulturamt	Eine erfreulich unbürokratische Magistrats-abteilung der Gemeindeverwaltung. Hat sehr viel guten Willen und leider nicht ganz so viel Geld. Erschrickt manchmal vor der eigenen Courage. (Siehe auch ‚Das republi-kanische Wien'.)
Wiener Festwochen	Ein bemerkenswerter Versuch des Kultur-amtes, die Kunstsaison bis tief in den Sommer hinein zu verlängern und durch zahlreiche kleine Bezirksveranstaltungen zu demokratisieren. Der Mann, der als Festwochen-Intendant fungiert, Ulrich Baumgartner, hat aus dem Versuch eine Institution gemacht, die sich sehen lassen kann, vieles sehen und noch mehr hören läßt.
Art-Kino	gibt's leider nur ein einziges, nämlich das ‚Studio' auf der Mariahilferstraße. Der Mangel an Art-Kinos wird aber zum Teil wettgemacht durch die ‚Urania' und das ‚Burg-Kino', in dem ausländische Filme von Rang prinzipiell in der Originalsprache vorgeführt werden.
Frau Luise	steht in der Galerie Würthle und hat mit leiser Bosheit und viel Geduld zahlreiche junge Maler und Zeichner auf die ersten Stufen des Ruhms gehoben. Die andere bedeutende Frau in der zeitgenössischen bildenden Kunst Wiens heißt Dr. Kaindl und sitzt im Unterrichtsministerium.
Tabu	sind außer der Oper und der Burg: Die Wiener Philharmoniker und der Herr von Karajan.

Literaturnachweis

Jede wienerische Bibliographie muß mit dem Hinweis auf die im Verlag Anton Schroll erschienene (und längst vergriffene) Gesamtausgabe der Werke Johann Nepomuk Nestroys beginnen, des größten Satirikers, den der deutsche Sprachraum je hervorgebracht hat. Wer sich auch nur ein wenig für die Psychologie des Wienerischen – ein wahrhaft faszinierendes Thema – interessiert, wird nicht umhin können, sich zum mindesten eins von den immer wieder auftauchenden Nestroy-Brevieren anzuschaffen oder die Spielpläne der Wiener Theater nach Nestroy-Aufführungen abzusuchen.

Aus der barocken Fülle der in den letzten Jahren erschienenen Literatur über Wien und die Wiener sind herauszugreifen: Hans Weigels *O du mein Österreich* (Steingrüben Verlag, Stuttgart), das insbesondere den erhabenen Paradoxien des Wienerischen gewidmet und außerdem höchst amüsant zu lesen ist, sowie desselben Autors leider halbverschollenes Buch *Unvollendete Symphonie* (Österreichische Verlagsanstalt, Innsbruck), in dem der Versuch gemacht wird, den Nestroyschen ‚Harm'

unter der viel und fälschlich berufenen Wiener Gemütlichkeit aufzuhellen und zu definieren. Zum
selben Thema vergleiche man das tadellose Ka-
pitel ‚In modo Austriaco‘ im Roman *Moos auf den
Steinen* des jungen Gerhard Fritsch (Otto Müller
Verlag, Salzburg).

Zu den Kapiteln ‚Kaiserliches‘ und ‚Makabres‘
lese man unter allen Umständen des großen Fritz
von Herzmanovsky-Orlando skurrilen Kurzroman
Der Gaulschreck im Rosennetz (Langen-Müller Ver-
lag, München), wohl das kurioseste Buch, das je ge-
druckt wurde. Avantgardistisch makabre Lyrik hat
H. C. Artmann *med ana schwoazzn dintn* geschrieben
(Otto Müller Verlag, Salzburg); diese im breitesten
Peripherie-Slang verfaßten Gedichte sind zu lokalen
Bestsellern geworden.

In den letzten Jahren sind zahllose Photo-Bücher
erschienen, unter denen die des Photographen
Franz Hubmann wahrscheinlich die interessan-
testen sind.

Das Standard-Kochbuch ist O. und A. Heß’ *Wiener
Küche;* es ist in vielen Auflagen vom Verlag Deuticke,
Wien, herausgebracht worden.

Ein 325 Seiten starkes Lexikon alles Wienerischen hat Hermann Hakel unter dem Titel *Wien
von A bis Z* im Wiener Verlag herausgegeben. Es
enthält alles, was über eine Traumstadt an Fakti-
schem ausgesagt werden kann.

Notizen über das eigenartige Verhältnis des
Österreichers zu Pflicht und Arbeit, über die Höf-
lichkeit und die Erotik des Wieners finden sich im
Wiener Knigge (Andermann-Verlag).

Und schließlich empfiehlt es sich, beim nächsten Zeitungsstand etliche Wiener Boulevardblätter zu erstehen, um damit wieder zum Anfang, nämlich zu Nestroys Possen, zurückzukehren.

Nachwort

„Kinder, wie die Zeit vergeht", sagt der Wiener
gerne, auch wenn er damit meistens das Gegenteil meint (denn in kaum einer anderen Stadt steht
sie derart oft still). Wie Jörg Mauthe so treffend
ausführt, kennt die „angewandte Relativitätsphilosophie des Wieners keine Unvereinbarkeit der Gegensätze, weil sie keine Gegensätze kennt". Irgend-
wie ist immer alles wahr. Und so ist erst recht wahr,
dass seit dem erstmaligen Erscheinen von Mauthes
„Wien für Anfänger" 1959 im Schweizer Diogenes
Verlag (deshalb auch die kleine Bosheit im Text,
dass Wiener Literatur „anderswo gedruckt und gelesen" werde – „Zum Beispiel in der Schweiz") zwar
viel Zeit vergangen ist, es aber trotzdem kein Buch
von gestern ist. „Is auch wahr", wird man in guter
alter Wiener Dialektik (möglichst im Wiener Dialekt) nur bestätigen können. Die mehr als vierzig
Jahre haben nur wenig von dem, was Jörg Mauthe
(1924–1986), Wiener Schriftsteller, Journalist und
vorübergehend auch Politiker, damals so klarsichtig
und pointiert festhielt, relativiert oder gar wider-
legt. Natürlich haben sich einige Materialisationen

des Wiener Geistes in der Zwischenzeit verändert, sind in andere architektonische, kulturelle oder kulinarische Gewänder geschlüpft, aber der Geist ist derselbe geblieben. Und dieses spezielle Wiener Fluidum, windig und doch wetterfest, die kollektive Seele dieser Stadt und ihrer Bewohner, empfindlich und doch derb, hat Mauthe für lange Zeit gültig festgeschrieben. Außerdem lebt der Wiener (und nicht zu vergessen die Wienerin, diese Gleichsetzung war damals noch nicht so üblich, wobei das große I inmitten von Wörtern als femininer Kennzeichnung einem Sprachästheten wie Mauthe vermutlich gar nicht gefallen hätte) sowieso bevorzugt in der Vergangenheit, sodass es auf ein paar Jährchen mehr oder weniger nicht ankommt – und Bücher über Wien somit grundsätzlich haltbarer sind als über andere Städte.

Mauthes Kunst, sprachlich durchaus an Größen wie Nestroy, Kraus oder Qualtinger geschult, zeigt sich auch darin, dass er keines der Wiener Klischees auslässt, jene aber durch kluge Korrekturen so kenntlich macht, dass sie als Wahrheiten daherkommen. Vor allem die konzisen Bemerkungen über Wiener Institutionen wie das Kaffeehaus, den Heurigen und auch den stadtspezifischen Humor, vulgo „den Schmäh", korrigieren allzu eindimensionale Vorstellungen auf fast schon exemplarisch aufklärerische Weise, ohne selbst dabei eines poetischen Charmes verlustig zu gehen.

Wie schon bei der Wiederauflage von Hans Weigels „Tirol für Anfänger" (Löwenzahn Verlag 1999) hätte es sich auch bei diesem Buch als wenig sinnvoll erwiesen, den Text in irgendeiner Weise zu aktualisieren. Mentalitätsmäßig hat sich sowieso wenig verändert – und was Mauthe damals noch als vage Hoffnung formulierte, dass nämlich Wien eines Tages, wenn sich manche junge, begabte Architekten und Stadtplaner durchzusetzen lernten, „nicht nur eine kaiserliche und eine republikanische, sondern außerdem eine moderne Weltstadt" werden könnte, hat sich trotz mancher provinzieller Beharrungskräfte doch weitgehend eingelöst. Die Sehenswürdigkeiten haben in dieser Stadt sowieso ewigen Bestand, ebenso die Wiener Küche, auch wenn ihr heute internationale Fast Food-Ketten und italienisch-chinesisch-türkische Einheitslokale empfindlicher zu Leibe rücken als die diversen osteuropäischen „Balkangrills" dereinst (die heute, knapp vor der gesamteuropäischen Ostöffnung, kulinarisch keine große Rolle mehr spielen). Erstaunlicherweise gibt es eine ganze Reihe der Gasthäuser und Kaffeehäuser noch, die Mauthe empfiehlt, wobei es sich lohnt, selbst die Fährte danach aufzunehmen. Nur vor einer eigenmächtigen Erkundung muss nachdrücklich gewarnt werden: Der so genannte „Nobel-Strich" auf der Kärntnerstraße samt Graben existiert schon lange nicht mehr. Wäre ja blöd, wenn diesbezüglich Interessierte in eventuell hochnotpeinliche Situationen gerieten, wenn sie die eine oder andere vornehme Dame auf der heute zur Fußgängerzone umgewidmeten Kärntnerstraße verkannten ...

Auch die empfohlene Trinkgeldration von 50 Groschen bis zu einem Schilling ist nicht mehr ganz aktuell, ist mit allen übrigen Preisen mit gestiegen, was aber nicht mehr lange von Bedeutung ist, da man mit der neuen europäischen Einheitswährung schon bald bei den nahezu gleichen, wiederum passenden Nominalwerten landen wird, auch wenn sie dann (50) Cents und (1) Euro heißen werden. Die diversen Oberkellner werden das Trinkgeld jedenfalls mit unvermindert freundlich-fordernder Miene einstecken.

Abschließend, als Art Schlussakkord, kann man dieses „Anfänger-Buch" auch deswegen empfehlen, weil es zeigt, dass man einer Stadt der Musik, die Wien nach wie vor ist, auch mit den Mitteln der Sprache, so sie variantenreich, offen für allerlei Paradoxien und doch eindeutig benennend ist, nahe kommen und ihren Ton treffen kann. Gänzlich zu fassen ist diese Stadt in keinem Medium. Und das ist auch gut so.

Gerald Schmickl